Küchenfußboden

Für Caro,
weil du an mich glaubst,
wenn ich glaube, zu versagen
und weil du mir ein Zuhause gegeben hast.

Inhaltsverzeichnis

s

Jetzt sitzen wir hier auf deinem
Küchenfußboden
Ich erzähle dir von meinen Erinnerungen
Den groben
Solche, für die nur kalten Fliesen
Tief genug liegen

Vorwort

Nach mehreren Jahren voller Alpträume und Flashbacks, mehreren Krankenhausaufenthalten und einigen Momenten, in denen ich kurz davor war, aufzugeben, ist dies hier der Versuch, das alles in Worte zu fassen. Denn das Gefühl, die „besten Jahre" zu verlieren, sitzt tief und muss ausgesprochen werden.

Dieses Buch beschäftigt sich genau damit: Was, wenn man die goldene Zeit verpasst, weil man Dinge aufzuarbeiten hat, die einem angetan wurden?

In meinen Texten geht es um diesen Prozess des Aufarbeitens. Deswegen wurden sie auch gerade in der Zeit geschrieben: nachts, wenn ich vor lauter Flashbacks nicht schlafen konnte, nach Gesprächen, in denen mir meine eigene - nicht vorhandene! - Schuld vorgehalten wurde, während ich auf der psychiatrischen Station lag, oder dann, wenn ich dankbar war für die lieben Worte von Freunden, denen ich mich anvertraut habe. Weil der Prozess der Heilung aber nicht geradlinig verläuft, sind die einzelnen Gedichte alphabetisch sortiert und somit inhaltlich durcheinander.

Du wirst hier alles finden: Hoffnung, Verzweiflung Schmerz, Freundschaft, Vertrauen, Angst und auch Wut. Alle diese Gefühle dürfen sein, auch wenn es sich nicht so anfühlt. Auch die Frage nach Gottes Rolle in dem Geschehen damals und auch heute wird immer wieder unterschiedlich beantwortet. Ehrlich gesagt bin ich damit auch immer noch nicht am Ende, was vielleicht erkennbar wird. Schon früh war mir klar, dass ich keinen Glauben haben will, der mich aus schwierigen Situationen herausholt. Vielmehr wollte ich, dass ich alles mit Gott durchzustehen lerne. Das ist ein Prozess, der nicht immer kontinuierlich verläuft und manchmal auch echt zermürbend sein kann. Manche Fragen wurden mir immer noch nicht beantwortet und das bringt mich bis heute manchmal zum Zweifeln. Ich habe in meinen Texten versucht, ehrlich zu sein. Gott ehrlich die Sachen vorzuwerfen, die mich wütend auf Ihn machen, Ihm das zu geben, was in meinem Herzen ist. Denn ich glaube, dass mit dem Vers, „schütte dein Herz aus wie Wasser" (Klagelieder 2,19) eben das gemeint ist. Es gab auch Phasen, in denen ich kurz davor war, die Sache mit Gott aufzugeben, weshalb ich niemandem einen Vorwurf machen kann, der diesen Schritt getan hat (was aber nicht heißt, dass ich das nicht unendlich traurig finde). Letztendlich hält Gott uns fest und nicht wir Ihn. Das ist vielleicht der Satz, den ich über dieses Buch schreiben könnte. Er hielt mich, als ich nichts von Ihm hielt und dafür bin ich bis heute dankbar.

Solltest du dieses Buch aus Interesse lesen, dann lass dir gesagt sein, dass es nur ein Einzelporträt und daher nicht generalisierbar ist. Das, was hier beschrieben wird, ist nur *ein* Erfahrungsbericht und keineswegs auf alle Situationen und Betroffene übertragbar. Das, was ich erlebt habe und immer noch durchlebe, ist ein Beispiel, aber kein Lehrbuchverlauf. Trotzdem hoffe ich, dass ich dir damit einen Einblick in eine Welt geben kann, die oft dunkel und kalt ist, aber in der die Sonne dafür umso deutlicher empfunden wird.

Wenn du jemanden kennst, der betroffen ist, dann ist der Griff zu diesem Buch ein Zeichen dafür, dass du diese Person ernst nimmst.

Damit tust du schon das Größte, was man tun kann. Es mag aufwühlend, traurig und aus der Fassung bringend sein, wenn du in diesen Gedichten dich oder die betroffene Person wiederfindest, aber genau das ist das Ziel eines Perspektivwechsels: Er soll neue Erfahrungen bringen, die das Verhalten der anderen Person erklären. Um diese Erklärung zu verstehen, muss man allerdings in den Schuhen des oder der Anderen gestanden haben und eben das möchte ich mit diesem Buch versuchen: Die Perspektive des oder der Betroffenen einzunehmen.

Für den Fall, dass du selbst betroffen bist: Du bist tapfer. Du kämpfst. Du bist mutig. Allein, dass du dich traust, hier reinzuschauen, beweist das. Diese Gedichte werden bestimmt Teile enthalten, in denen du dich und deine Gefühle wiederfinden wirst. Das kann guttun, aber auch traurig machen, oder sogar triggern. Sollte das passieren, dann gönne dir eine Pause, lies nur so viel, wie du wirklich schaffst. Du musst das nicht besonders schnell schaffen, du hast Zeit. Vielleicht gibt es Gefühle, die du nicht verstehst, das ist auch in Ordnung. Ich kann dir nun mal nur erzählen, was ich durchmache (das steht bewusst im Präsens, denn ich bin noch lange nicht fertig damit), deine Geschichte kann ganz anders sein. Trotzdem hoffe ich, dass du dich nach dem Lesen dieses Buches etwas weniger unverstanden und allein fühlst. Wenn das auch nur bei einer Person der Fall ist, dann war es mir das wert.

Und - den Ratschlag kann man nicht oft genug wiederholen - hole dir Hilfe! „Hilfe" ist das Mutigste, was man sagen kann. Denn dazu gehört, dass man sich eingesteht, dass das Erlebte zu vielschichtig und groß ist, um es alleine zu bewältigen. Und das liegt nicht an dir, denn ein derartiges Trauma kann man einfach nicht alleine aufarbeiten. Ich habe viel zu lange damit gewartet und musste die bitteren Konsequenzen davontragen, also sei schlauer als ich. *Wildwasser* ist eine Beratungsstelle, die ich nur weiterempfehlen kann. Letztendlich ist es dein Weg und wenn es irgendetwas gibt, das ihn dir verschönert, oder erleichtert, dann mach das. Du darfst das! Und du wirst es schaffen, trau dich!

Sei es, dass du malst, laut Musik hörst, Filme zur Ablenkung schaust, schreibst, irgendwas: Tu es. Es muss nicht von den Anderen verstanden werden, denn es geht darum, dass es *dir hilft*. Hätte ich mich an die Norm gehalten, hätte ich mich auch nie getraut, mit dem Dichten zu beginnen. Das, was du erlebt hast, ist nicht normal. Deshalb muss deine Reaktion darauf auch nicht standardisiert sein. Fang heute an, das zu tun, was dir guttut (natürlich nur, wenn es dir nicht aktiv schadet).

Solltest du irgendwelche Fragen, Kritik, oder auch Feedback haben, kannst du mir gerne schreiben:

v.l.Kuechenfussboden@web.de .

Aber jetzt erstmal viel Kraft beim Lesen des Buches,

deine Veronika.

5 Minuten

Gib mir doch noch

5 Minuten

Ich weiß, wir haben den ganzen Tag gehabt

Ich weiß, wir haben so viel geredet

Gelacht

Geweint

Geschwiegen

Geliebt

Und jetzt liegen wir hier

Du willst schlafen

Aber ich kann nicht

Bitte

Gib mir doch noch

5 Minuten

5 Minuten

Höre ich dir jetzt beim Einschlafen zu

Ich traue mich kaum, zu fragen

Obwohl ich dich so gut kenne

Und mir sicher bin, dass du nicht nein sagen wirst

Aber wenn du ja sagst

Dann muss ich reden

Dann muss ich sagen, was mich bedrückt

Dann brauche ich einen Grund für die

5 Minuten

5 Minuten

Reichen nicht aus, um dir zu sagen

Was los ist

Um dir zu sagen

Warum genau jetzt mein Herz so weh tut

Und warum ich genau jetzt nicht schlafen kann

Ich habe so Angst

Dass du dich eigentlich ärgerst

Weil ich den ganzen Tag so viel mehr Zeit hatte

Weil du mich sogar angesprochen hast

Aber da konnte ich nicht reden

Aber vielleicht ja jetzt

Fangen wir an mit

5 Minuten

5 Minuten

Weine ich jetzt

Alleine in der Nacht

Und ich weiß, dass du nicht tief schläfst

Mich vielleicht sogar hörst

Aber nicht weißt, was du tun sollst

Oder wie du mir helfen kannst

Ich weiß es ja selbst nicht

Nur damit, dass du da bist

Und mir noch einmal Zeit gibst für

5 Minuten

Doch du schläfst

Und morgen wirst du mich fragen, was war

Aber dann ist die Nacht

Und mit ihr die Ehrlichkeit

Vorbei

Ich werde den Kopf schütteln

Dich vielleicht in den Arm nehmen

Und hoffen

Dass ich nie wieder

5 Minuten

Von dir brauche

Mein liebes Kind, gib mir

5 Minuten

Ich habe dir einen ganzen Tag gegeben

Ich habe dir Zeit gegeben

Und die ganze Zeit an dich gedacht

Wie ich dich liebe

Wie toll du bist

Und wie ich es liebe,

Dich mit Tagen und Freunden wie diesen

Zu segnen

Jetzt liegst du also dort

Du kannst mal wieder nicht schlafen

Und ich wünsche mir

Dass wir jetzt Zeit verbringen für

5 Minuten

5 Minuten
In denen du mir erzählen kannst, was los ist
Glaub mir
Ich kenne dein Herz
Deine dunkelsten Gedanken
Die verworrensten Emotionen
Ich habe dich damit geschaffen
Du warst schon immer besonders für mich
Ich würde dir das so gerne mitteilen, hör mir nur zu für
5 Minuten

5 Minuten
Reichen nicht aus, um dir zu sagen
Was los ist
Um dir zu sagen, warum genau jetzt dein Herz so weh tut
Hab keine Angst
Ich habe Größeres mit dir vor
Etwas so Schönes
Und dazu musst du diese Gefühle kennen
Sprich zu mir
Für mich gibt es keine unpassende Zeit
Oder einen ungünstigen Ort
Hör mir zu
Es gibt so viel, was ich dir zeigen möchte
Aber fangen wir an mit
5 Minuten

5 Minuten
Weinst du jetzt schon
Du bist nicht alleine
Menschen enttäuschen immer
Aber ich bin da
Ich will dich so gerne trösten
Mit einem Trost, den dir niemand sonst geben kann
Ich will dir meinen unfassbaren Frieden geben
Und der hält nicht nur
5 Minuten

Doch du kämpfst im Alleingang
Und morgen wirst du dich fragen
Warum dir nicht geholfen wurde
Ob du unwichtig bist
Du wirst nicht reden können
Aber, mein Kind
Ich warte auf dich
Dass du erkennst
Wie wertvoll du mir bist
Und du gerne
5 Minuten
Mit mir verbringst

Alex

Alex schaute auf den Boden und ich musste lächeln, als ich sah, wie ihm einige Haarsträhnen in die Stirn fielen.

Er war lange nicht beim Frisör gewesen, hatte generell kaum das Haus verlassen und all das war mir nicht aufgefallen.

Wie lange er wohl schon krank war? Oder wie lange ihn schon solche Gedanken plagten?

Am liebsten hätte ich ihn umarmt, ihm gesagt, dass alles gut werde, aber ich traute mich einfach nicht.

Zu viel war passiert, beziehungsweise eben nicht passiert zwischen uns, als dass ich so tun könnte, als wäre alles so wie immer.

Und was, wenn er genau das brauchte? Vielleicht brauchte er, dass jemand ihm Halt gab, jemand, an dessen Schulter er sich anlehnen konnte, jemand, der sich ausnahmsweise mal nicht abwandte, wenn es schwierig wurde.

Vielleicht brauchte er einfach jemanden, der bei ihm blieb.

Meine Hände zitterten und mein Herz pochte wie verrückt, als ich das Wort ergriff: „Alex, ich weiß nicht, was ich dazu sagen soll…", begann ich, doch ich kam nicht dazu, den Satz zu beenden.

Alex rührte sich plötzlich und sah mir direkt in die Augen. Stumm standen wir da und betrachteten uns, als sähen wir uns zum ersten Mal. Fast so, als wären wir Fremde, die aufeinandertreffen und den Zauber neuer Begegnungen genießen.

Ich sah in seine grünen Augen, sah das Muttermal auf seiner rechten Wange und die kleine Narbe am Kinn. Sein Gesicht war mir so vertraut und gleichzeitig so fremd, dass ich mich fragte, ob ich ihn hätte retten können.

Ob ich vielleicht die gewesen war, der er die letzte Chance gegeben hatte. Denn ich war mir sicher, dass ich ihm nicht hatte helfen können. Trotz all der Jahre, die wir zusammen verbracht hatten, kannte ich ihn nicht gut genug, um ihm die Fragen, die ihn so quälten, zu beantworten.

Und als wir uns nun in die Augen sahen, wurde es uns beiden klar.

Ambivalenz

Die Hände
Die andere streicheln, sind die
Die dir weh tun

Die Stimme
Die andere tröstet, ist die
Die dich bis in deine dunkelsten Träume verfolgt

Die Berührungen
Die andere vor Erregung
Sind die, die dich heute noch vor Schmerzen
Schreien lassen

An ihn

Hättest du gewusst, was es für mich heißt
Wie sehr mir die Erinnerung ins Herz beißt
Hättest du mich dann trotzdem berührt?
Oder hätte ich deine Hände heute Abend nicht in mir gespürt?

Hättest du die vertuschten Verbrechen angehäuft
Wenn du gesehen hättest, wie weit das Blut läuft
Sowohl damals als auch heute Nacht?
Hättest du es trotzdem gemacht?

Hättest du geahnt, was du damit startest
Hättest du dann auf Hilfe gewartet?
Oder war dir meine Seele egal
Und der Druck in dir ließ dir keine Wahl

Wäre dir klar gewesen, was es alles verrückt
Hättest du dich dann dennoch an mir beglückt?
Hättest du immer noch so gestöhnt
Wenn du gehört hättest, wie es ständig in meinen Ohren dröhnt?

Hättest du gewusst, dass du mich trotz deiner Lust
Eigentlich beschützen musst
Und dass ich heute schwitzend schreie
Wie in einem Becken voller hungriger Haie
Hättest du mich dann schlafen lassen
Anstatt mich anzufassen?

–

Hättest du es nicht gewagt
– wer wäre ich wohl dann?
Bestimmt hätte ich gestern Gott nicht gefragt
Wann ich endlich sterben kann

Hättest du mich geliebt
Wärst du nur in deinen Grenzen geblieben
Hätte ich gelernt, dass es ein Herz ohne Loch gibt
Doch du gehorchtest nur deinen Trieben
Hättest du mir Geborgenheit gegeben
Wie ein Vater seinem Kind
Hätte ich dann ein Leben
In dem ich nicht mal wüsste, was Traumata sind?

Wärst du vertrauenswürdig geblieben
Hättest du mich nie spüren lassen, was in dir ist
Hätte ich dir jetzt ein anderes Gedicht geschrieben
In dem du der Held und nicht der Böse bist

Hättest du deinen Körper nicht auf meinen gedrückt
Hättest du gemerkt, dass deine Gedanken ausarten
Hättest du mir meine Unschuld nicht genommen
Wäre mein Weltbild dann weniger verrückt?
Würde ich dann nicht immer das Schlimmste erwarten?
Wäre ich nicht viel weiter gekommen?

–

Stattdessen schreie ich durch den Wald, dass ich dich hasse
Kann mich selbst nicht mehr denken hören
Habe Träume, die meinen Schlaf stören
Und Angst, dass ich vor der Erinnerung verblasse

Du bist das Kapitel, über das ich nur weinend spreche
Habe die Seiten zwar unzählige Male gelesen
Aber sie sind für Außenstehende zu grausam gewesen
Doch ich spüre dich mit einer Wucht, als ob ich mir die Knochen breche

Du hast mir mein Lächeln genommen
Fast hätte ich mir die Arme aufgeschnitten
Deinetwegen habe ich so gelitten
Denn du bist meinetwegen zum Äußersten gekommen

Trotzdem sind meine Schreie meistens stumm
Mache gute Miene zum bösesten Spiel
Vielleicht war genau das dein Ziel
Denn würde ich was sagen, würdest du verbreiten, ich sei dumm

Es ist wie ein Spiel, von dem ich die Regeln nicht kenne
Wie eine Sprache, die ich übersetzen soll, aber nicht verstehe
Als würde ich erfrieren und gleichzeitig verbrennen
Aber beim Namen kann ich es nicht nennen
Deshalb schwebt es über mir, wohin ich auch gehe
Und ich kann dir nicht entkommen, egal wie schnell ich renne

—

Manchmal denke ich noch an dich
Ob du wohl lachst oder weinst
Wirklich so glücklich bist, wie du scheinst

Dann denke ich daran, was ich von dir habe
Dass ich genau wie du gestikuliere und lache
Oder auch so gerne Sport mache

Oder ich denke daran, was wir geworden wären
Ich hätte mit dir gerne die Welt bereist
Und meinen Freunden stolz erzählt, dass du alles weißt

Und dann hasse ich jeden Zentimeter an mir, der mich an dich erinnert
Jeden Gesichtszug, durch den einer von deinen schimmert
Jeden Traum, der gerade kaputt geht
Jedes Dokument, auf dem mein Familienname steht

–

Sag, was hast du da getan?
Wie passt das in Gottes Plan?

Wo ist Er damals überhaupt geblieben?
Hast du Ihn mit deiner Kälte vertrieben?

Warum hat mich keiner vor dir gerettet?
Während ich dachte, dass ich mich nur weiter quäle
Wenn ich es irgendwem erzähle

–

Ich frage dich nur noch einmal:
Hättest du das alles gewusst

Hättest du mich trotzdem berührt?

Bälle, die nicht rollen

Du kaufst dir einen Ball
Entweder bemerkst du es nicht
Oder du siehst darüber hinweg
Dass er anders ist
Weil er nicht rollt

Dann fällt es dir auf
Du willst das wieder reparieren
Der Ball soll seine Funktion nicht verlieren
Also investierst du alles hinein
Aber irgendwie soll es nicht sein

Der Ball rollt nicht
Weder im Dunkeln, noch im Licht
Er will sich einfach nicht bewegen
Und dann denkst du, es sei deinetwegen

Langsam beginnt die Wut in dir zu kochen
Du versuchst es jetzt schon seit acht Wochen
Nun trittst du den Ball mit Füßen
Er kann nicht rollen und soll dafür büßen

Du verstehst nicht, warum es nicht geht
Warum dieser Ball auf der Stelle steht
Schließlich hast du alles versucht
Hast gebeten, geweint, gehandelt, gedroht, geflucht

Irgendwann gibst du es auf
Nimmst das Geld für einen neuen Ball in Kauf
Den alten wirfst du weg
Pfefferst ihn lieblos in den Dreck

Dabei hast du ihn nie genau betrachtet
Hast nie darauf geachtet

Dass dein Ball eigentlich ein Würfel ist

Und so gerne für dich gerollt wäre

Es aber nicht konnte

Beides

Du lächelst mich an
Hab dich so lang nicht mehr lächeln gesehen
Dass ich vergessen habe
Auf welcher Seite dein Grübchen ist
Jetzt gerade sehe ich es so deutlich
Wie die Spuren
Die diese Wunden in deinem Herzen
Hinterlassen haben
Und weißt du
Ich mag beides an dir

Du nimmst meine Hand
Habe deine Hand so lange nicht mehr gehalten
Dass ich vergessen habe
Wie rau sie vom Desinfektionsmittel auf deiner Arbeit ist
Jetzt gerade spüre ich es so deutlich
Wie die Tiefgründigkeit
Die du in letzter Zeit bekommen hast
Und weißt du
Ich mag beides an dir

Du denkst, du seist nur noch Schatten
Aber du bist auch das Licht
Das in Wäldern durch die Baumwipfel bricht
Und bunte Muster auf den Boden malt

Du bist mit deinen Schiffen
Auf gefährlichen Meeren unterwegs gewesen
Bist fast gekentert
Fast gestrandet
Fast verhungert und hast
Fast aufgegeben

Du bist nachts
Wacher als tagsüber gewesen
Hast oft gegrübelt
Oft geweint
Oft versucht, zu vergessen und hast
Oft an allem gezweifelt

Doch weißt du
Du hast weitergemacht
Ohne zu wissen
Wie lange noch
Und das zählt mehr
Als die lustigen Zeiten
Von denen du gerne mehr hättest

Du rufst mich an
Hab dich so lang nicht mehr gesprochen
Dass ich vergessen habe
Wie du manchmal lispelst
Jetzt gerade höre ich es so deutlich
Wie das Zittern in deiner Stimme
Wenn du mir deine Geschichte erzählst
Und weißt du
Ich mag beides an dir

Du siehst mich an
Hab so lange nicht mehr in deine Augen geschaut
Dass ich vergessen habe
Wie warm sie sind
Jetzt gerade berührt es mich so deutlich
Wie der Glanz in deinem Blick
Wenn die Erinnerungen hochkommen
Und weißt du
Ich mag beides an dir

Du denkst, du seist nur noch schwarz
Aber du bist auch das Hellblau
Das ich sehe, wenn ich zwischen den Wolken hindurchschau'
Und das zeigt, dass Gott dich nicht im Trüben vergessen hat

Du bist mit deinen Gedanken
Nur bis an die Zimmerdecke gekommen
Hast versucht, es zu hoffen
Versucht, zu kämpfen
Versucht, zu erzählen und hast
Versucht, zu überstehen
Doch weißt du
Du hast gebetet
Ohne zu wissen
Was genau du sagen sollst
Und das zählt mehr
Als die ermutigenden Formulierungen
Von denen du gerne mehr hättest

Und du bist beides
Denn
Du bist der Schatten und
Du bist das Licht
Du bist schwarz und
Du bist hellblau

Du wärst gerne nur Licht
Aber der Schatten kann kühlen
Du wärst gerne nur hellblau
Aber das Schwarze kann kontrastieren

Du lächelst mich an
Und du wirst noch oft lächeln
Wobei man dein Grübchen sehen wird
Aber du wirst auch noch oft die Spuren
Die diese Wunden in deinem Herzen
Hinterlassen haben
Spüren
Und weißt du
Beides gehört zu dir

Du nimmst meine Hand
Und du wirst noch oft Hände halten
Wobei man die Rauheit spüren wird
Aber du wirst auch noch oft die Tiefgründigkeit
Die du durch die letzte Zeit
Bekommen hast
Merken
Und weißt du
Beides gehört zu dir

–

Doch solange du mit deinen Schiffen
Versuchst, bei Gott zu segeln
Wirst du nicht kentern
Nicht stranden
Nicht verhungern und auch
Nicht aufgeben

Und weil du
Weitergemacht hast
Ohne zu wissen
Wie lange noch
Kommen die lustigen Zeiten
Von denen du gerne mehr hättest
Wieder

Du rufst mich an
Und du wirst noch oft telefonieren
Wobei man dein Lispeln hören wird
Aber man wird auch dieses Zittern in der Stimme
Wenn du deine Geschichten erzählst
Hören
Und weißt du
Beides gehört zu dir

Du siehst mich an
Und du wirst noch oft Leuten in die Augen sehen
Wobei man diese Wärme in dir sehen wird
Aber du wirst auch noch oft diesen Glanz in deinem Blick
Wenn die Erinnerungen
Hochkommen
Behalten
Und weißt du
Beides gehört zu dir

Du wirst mit deinen Gebeten
Weiter als bis zur Zimmerdecke kommen
Denn mit Gott wirst du es schaffen, zu hoffen
Schaffen, zu kämpfen
Schaffen, zu erzählen und wirst es
Schaffen, zu überstehen

Und weil du
Gebetet hast
Weil du zu
Gott gekommen bist mit dieser Last
Zählen deine verzweifelten Worte mehr
Als die ermutigenden Formulierungen
Von denen du gerne mehr hättest

Freundin
Mir kommt so in den Sinn
Dass du meintest
Als du letztens so weintest
Dich mit beidem zu lieben
Wirke so vorgeschrieben
Dass ich sicher nicht bleiben
Will weil deine Schmerzen mich vertreiben

Aber ich gehe weiter mit
Auch wenn dir so mancher Schritt
So schwer fällt
Kann ich dir versprechen
- und das wird niemals brechen -
Dass Gott dich festhält

Du glaubst es mir gerade nicht
Aber Gott will nicht nur dein Licht
Sondern auch deinen Schatten
Er benutzt auch die matten
Töne neben den Farben, die strahlen
Denn so kann Er die besten Bilder malen

Bilder, die zeigen
Dass der Himmel nicht nur voller Geigen
Hängt und dass es keine Wunden
Gibt, die von Gott nicht verbunden
Werden können und dass Er deine Farben
Genauso benutzt wie deine Narben

Und wenn du gerade weinst
Die Hoffnung verneinst
Wenn die Gedanken dich drücken
Die Erinnerungen zerpflücken
Wenn du denkst, du zerbrichst
Vor Angst kaum noch sprichst

Weiß ich, dass du eines Tages wieder lachst
Handstände machst
Geschichten wie Romane erzählst
Herausforderungen wählst
Viel zu energiegeladen bist
Weil beides ein Teil von dir ist

Und wenn ich für dich bete
Für dich vor Gott eintrete
Dann bitte ich nicht, dass der Schatten geht
Oder der Wind nicht mehr weht
Sondern, dass du Gott im Sturm vertraust
Deine Zuversicht auf Ihn baust
Und dabei erkennst
Dass Gott dich mit beidem Sein Eigen nennt

Brücken bauen

Das erste Gedicht seit der Dunkelheit

Würdest du mich nach Möglichkeiten, mir zu helfen, fragen
Dann würde ich sagen

Nimm mich
Nimm mich
Nimm mich

Mit den von ihm gehauenen Ecken und Kannten
Mit den Stellen, wo seine Hände meinen Mut verbrannten
Bring mich zum Lachen
Lass mich mit dir Spiele machen

Bis ich vergesse, dass ich sein liebstes Spiel war

Zeige mir deine Töne
Bis ich seine nicht mehr hören kann
Und ich nicht mehr alles schwarz sehe
Sondern sage: „Fangen wir neu an"

Denn

Du bist viel zu wertvoll, als dass ich dich nur ertrage
Zu schön, als dass ich mich über deine Nähe beklage

Ich will dich nehmen
Will für dich lachen
Dir meine Töne zeigen
Mit dir Spiele machen

So, wie du bist
So, wie es ist
So, wie es geht
Bis das alles in mir wegweht

Bau mit mir Brücken
Damit mir die Wege über die Schluchten glücken
Die Schluchten, die durch seine Lust kamen
Hilf mir, sie mit schönen Dingen zu umgarnen

Bis nur noch Rillen zeigen, dass sie zwar existierten
Wir aber genug Ideen ausprobierten

Das Gedicht, das ich im Traum schrieb

Es ist okay
Den Schlamm unter deinen Schuhen zu hassen
Weil er dich an den Schlamm in deinem Herzen erinnert

Es ist okay
Nicht mehr schwimmen zu gehen
Weil es dich an dein innerliches Ertrinken denken lässt

Es ist okay
Sich nicht mehr einzucremen
Weil du dabei seine Hände wieder fühlst

Es ist okay
Auf Dächern zu klettern
Weil du keine Angst mehr fühlst

Es ist okay
Nicht mehr zu malen
Weil du das, was dich wirklich bewegt, nicht malen willst

Es ist okay
Laute Musik zu hören
Weil deine inneren Schreie damit übertönt werden

Es ist okay
Ein Licht im Dunkeln anzulassen
Weil du damit alles im Blick hast

Es ist okay
Wenig zu essen
Weil du nichts mehr im Mund haben willst

Es ist okay
Zu weinen
Weil du die Gefühle wegschwemmen willst

Es ist okay
Keine Nachrichten mehr zu schauen
Um keine belastenden Bilder zu sehen

Es ist auch okay
Den Schlamm unter den Schuhen zu lassen
Weil du gerade keine Kraft zum Saubermachen hast

Es ist auch okay
Schwimmen zu gehen
Weil der Sport dich vergessen lässt

Es ist auch okay
Sich einzucremen
Weil du ihn durch den Duft verdrängen kannst

Es ist auch okay
Höhe zu vermeiden
Weil jede Gefahr dir Angst macht

Es ist auch okay
Viele Bilder zu malen
Weil du dich nur so ausdrücken kannst

Es ist auch okay
Lautstärke zu hassen
Weil du durchgängig ansprechbar sein willst

Es ist auch okay
Ohne Licht zu schlafen
Weil du dann alles ausblenden kannst

Es ist auch okay
Viel zu essen
Weil dir das kurz Glücksgefühle gibt

Es ist auch okay
Nicht zu weinen
Weil es zu tief sitzt

Es ist auch okay
Nachrichten zu schauen
Um Leidensgenossen zu finden

Es ist okay
Wenn phasenweise
Gar nichts okay ist

Der Schal

Du hast diesen einen Schal
Ohne den du niemals aus dem Haus gehst
Er passt nicht annähernd zu deinem Stil und dir
Aber ohne ihn gibt es dich nicht

Hättest du die Wahl
Nähmst du immer ihn, ohne dass du's verstehst
Sogar vor deinem Frühdienst morgens um vier
Wenn du zu müde bist - ohne ihn gehst du nicht

Dieser eine Schal
Ich weiß nicht, was du an ihm findest
Er kratzt und lässt dich im Sommer schwitzen
Aber er ist das Einzige, was bei dir konstant ist

Ich habe dich mal
Gefragt, was du mit ihm verbindest
Du hast dich verloren in oberflächlichen Witzen:
Vielleicht, weil du ihn als einziges nicht vergisst

Oder weil du diesen einen Schal
Überall trägst
Und egal, ob er nach Rauch oder Parfum riecht
Du hast ihn niemals aufgegeben

Manchmal ist es für dich eine Qual
Weil du ihn trotz der Gerüche nie weglägst
Ich will nicht wissen, was darin so kriecht
Aber er gehört zu deinem Leben

Diesen einen Schal
Hattest du noch nicht allzu lange
Aber du warst sofort von ihm begeistert
Hast schnell immer von ihm gesprochen

Es zählt nicht der Tage Zahl
Oder das Gefühl der Wolle an deiner Wange
Sondern was du mit ihm gemeistert
Hast und er hat dabei nicht immer gut gerochen

Heute bist du wie immer zum Frühdienst gegangen
Hast wie immer dein Müsli morgens gegessen
Nur den Schal hast du hängen gelassen
Und da wusste ich

Dass ich dich verloren habe

Die Festung

Sie sagen
Ich soll die Farben dieser Welt lieben
Doch die sind mir nicht mehr geblieben
Sondern gefallen in das Loch
Und ich wollte gerade noch
Hinterherrufen und um Hilfe bitten
Aber ich war zu schwach, habe schon zu sehr gelitten

Gelitten
Unter den nächtlichen Bildern
Unter den Messern, die auf meiner Haut wildern
Unter den Gedanken an zu viele Tabletten
Unter den Versuchen, die Fassung zu retten
Gelitten

Da stehen sie
Am sicheren Uferrand
Die Füße vergraben im täuschenden Sand
Während ich ertrinke
Meter für Meter versinke
Wasser schlucke, wenn ich schreien will
Aber in mir ist es schon lange still

Sie stehen da
Rufen, ich soll lernen, zu schwimmen
Lernen, die Arme und Beine zu bewegen
Um einfach weiterzuleben
Aber ihre Schreie können die Tiefenmeter nicht erklimmen
Und sie begleichen noch lange nicht, was war

Was war
Ist das, was ist
Was mich innerlich zerfrisst
Seitdem ist für mich nichts mehr klar
Nichts ist mehr hell, bunt oder vertraut
Ich will das Grau einfach nicht mehr sehn
Merke, dass alle meine Zeilen sich um ihn drehen
Denn er hat sich in meinem Körper eine Festung gebaut

Eine Burg, die zeigt, dass er unangefochten überlegen ist
Dass ich gegen seine Handlungen nicht ankämpfen kann
Die Berührungen, die Stöße in mir, sein immer hungriger Drang
Der ihn lebendig hielt und mein Gift ist

Das Gift, das die Farben stiehlt
Mitten ins Selbstbewusstsein zielt
Zielsicher alle Flammen der Freude verbrennt
Immer schneller als der Lebenswille rennt
Und vielleicht ist es physisch vorbei
Vorbei die Nächte, in denen er kam
Mir meine Unberührtheit nahm
Vorbei unsere Schreie, die niemand hört
Seine aus Lust, meine aus Leid
Vorbei die Hand an mir, die ihm gehört
Und sein Begehren nach meiner Nacktheit

Aber in mir drinnen stehen die Mauern seiner Festung wie ein Verlies
Ein Gefängnis, das einst mal mein Körper hieß
Der eigentlich ein guter Freund sein sollte
Aber voller Erinnerungen steckt, weil er ihn wollte
Für seine Triebe
Und die Flashbacks kommen wie Peitschenhiebe
Wobei jeder Schlag Gefühle mit sich bringt
Ekel, Wut, Scham, Angst, alles Emotionen, zu denen der Selbsthass flankt
Alle kommen, während er noch bangt
Dass seine Schuld irgendwann laut aufklingt

Und so lange sie das nicht tut
Zieht seine Festung mich unter Wasser
Dorthin, wo niemand hinsehen will
Aber da unten sind seine Geräusche einmal still
Lassen mir Raum, mich frei zu entscheiden
Und zur Ruhe gekommen denke ich
Ich will nicht mehr unter ihm leiden

Die Glühbirne und der Klempner

Ich weiß nicht, womit ich anfangen soll
Aber mein Herz ist von Worten voll
Berichte über die Wunder, die uns geschahen
Auch über die Tiefen, die wir beide sahen

Und es gibt da dieses Bild
Gemalt von uns beiden in einer harten Nacht
Es hat uns schon so viel Klarheit gebracht
Dir ist bestimmt schon klar, wem dieses Gedicht gilt:

Es war einmal ein Klempner aus einem fernen Land
Der auf einer seiner Montagen eine Glühbirne fand
Und sie leuchtete hell, sodass er das Licht genoss
Er merkte kaum, wie die Zeit in ihrer Nähe verfloss

Doch als er näher an sie herankam
Merkte er, dass irgendwas der Glühbirne das Licht nahm
Dass irgendwas sie zerbricht
Denn immer öfter leuchtete seine Glühbirne nicht

Er fragte sich, wie er helfen kann
Schon bald fing er mit dem Bücherlesen an
Betete Tag und Nacht
Und hätte gerne eine Elektrikerfortbildung gemacht

Alles nur, um das Licht wieder zu sehen
Dabei war sein Hauptziel gar nicht, nicht im Dunkeln zu stehen
Denn obwohl er das Licht seiner Birne sehr gerne sah
Kämpfte er hauptsächlich, damit sie nicht immer so schwach war

Aber auch die Glühbirne hat den Klempner lieben gelernt
Denn er hat ihr so manche kalte Nacht erwärmt
Hat ihr Geschichten erzählt von dem schönen Leben
Bis sie bereit war, nicht aufzugeben

Zusammen überstanden sie einige schwierige Situationen
Doch die Schmerzen wollten die Glühbirne nicht verschonen
Aber auch dadurch knüpften die Beiden ein immer dickeres Band
Eins der schönsten, das die Glühbirne je fand

Der Klempner gab nicht auf, der Glühbirne zu zeigen, wie wichtig sie ihm ist
Doch es war ihre Vergangenheit, die die Glühbirne von innen auffrisst
Die ihr ganz gezielt
Das warme Licht stiehlt

Wie gerne hätte sie wieder für den Klempner geleuchtet
Stattdessen hat sie den schon glatten Boden der Strapazen noch befeuchtet
Sodass der Klempner auf dem Eis ausrutschte und sich schlimm stieß
Wodurch sie beide merkten, dass die Dunkelheit sie verzweifeln ließ

Doch der Klempner gab die Glühbirne nie auf
Er passte sogar sorgsam auf sie auf
Wickelte sie in warmes Leinen
Und ließ sie in seinen Armen weinen

Er träumte nachts von dem Licht
Aber beschwerte sich überhaupt gar nicht
Dass er es zurzeit kaum sah
Sondern freute sich viel mehr, wenn das geschah

Die Glühbirne versuchte zu laufen, zu reden, zu dichten
Doch leider reichte keine ihrer Geschichten
Um auszudrücken, was ihr so zu schaffen machte
Und warum sie immer seltener lachte

Eines Tages, im grauen Januar
Spürten beide, dass nichts mehr so war, wie es mal war
Zu dunkel die Nächte, die Alpträume zu hell
Die schrecklichen Gedanken der Glühbirne zu schnell

Da wollte die Glühbirne alles verderben
Sie schnitt sich an ihren Lebensscherben
Ließ die Wut an sich selbst aus
Rannte regelrecht aus ihrem Leben heraus

Der Klempner wusste nicht, wie ihm geschah
Wünschte sich, es wäre alles gar nicht wahr
Er liebte die Glühbirne doch so sehr
Und hasste das, was ihr das Licht wegnahm, umso mehr

Er hielt sie, als sie nicht heilen konnte
Stand mit ihr im Dunkel, während sich jeder andere sonnte
Die Glühbirne konnte ihre Liebe kaum beweisen
Versuchte es mit den Blicken, den leisen

Doch auch sie vertraute dem Klempner und liebte ihn doll
Er machte das Loch in ihrem Herzen zeitweise voll
Sie hasste nur sich selbst, ihre Vergangenheit, ihr Leben
Und wollte dem Ganzen ein Ende geben

Der Klempner war sehr in Sorge und hätte die Glühbirne gerne geheilt
Hätte es gereicht, hätte er länger an ihrer Seite verweilt
Doch er merkte, dass sie ernsthaft Hilfe brauchte
Zumal die beiden das alles immer mehr schlauchte

Also brach der Klempner dem Loch das Genick
Überwies die Glühbirne in eine Klinik
Letztere akzeptierte das, war aber dennoch voller Angst und Unsicherheit
Nur letztendlich war sie dazu bereit

Immer noch hielten die beiden feste zusammen
Ganz gleich, wie hoch die Wellen waren, in denen sie schwammen
Und auch, dass der Klempner bald verreisen würde
War für die beiden eine überwindbare Hürde

Denn sie wussten: Ihre Freundschaft fing gerade erst an
Hatte aber dennoch so ein dickes Band, dass niemand sie trennen kann
Und so ist der Klempner derzeit auf der anderen Seite der Welt
Während die Glühbirne es mit den Elektrikern auf sich hält

Die Glühbirne versucht, die Vergangenheit Vergangenheit sein zu lassen
Sich nicht mehr selber zu hassen
Sie versucht, alles zu geben
Um wieder weiterzuleben

Sicher wird es seine Zeit brauchen
Die Glühbirne wird vor Anstrengung manchmal nur noch hauchen
Doch der Klempner steht trotz der räumlichen Trennung treu hinter ihrem Rücken
Denn er überlegt sich immer neue Tricks, um die Glühbirne zu beglücken

Sie knüpfen immer weiter an ihrem dicken Band
Ihre Freundschaft bekommt einen immer festeren Stand
So schnell kann nichts mehr die beiden trennen
Weil sie zusammenhalten, wohin die Zeiten auch rennen

Sie können es beide kaum erwarten
Bis sie wieder gemeinsam Aktionen starten
Bis sie sich wieder in die Arme schließen
Bis sie wieder die Zeit zu zweit genießen

Fern von den Ängsten, die die Glühbirne manchmal hat
Fern von den Kämpfen, die der Klempner durchmacht
Fern von den Trennungskilometern, die manchmal schmerzen
Nah beieinander, nicht nur im Herzen

Doch bis dahin gehen sie beide durch diese Zeiten
Spüren, wie die Tage bis zum Wiedersehen dahingleiten
Schreiben die Geschichten füreinander nieder
Denn ganz bald haben sie sich wieder

Und die Glühbirne wird leuchten, um es dem Klempner warm zu machen
Dieser wird die Glühbirne warmhalten, denn er bringt sie zum Lachen
Sie werden Bücher gucken, reden, picknicken und zusammen sein
Gewiss fallen den beiden noch mehr schöne Dinge ein

Die Sache mit dem Glück

Und dann wirst du
Mitten im Gespräch
Gefragt
Ob du glücklich bist

Du erstarrst
Weil das die Frage war
Von der du gehofft hattest
Dass sie nie gestellt werden würde

Und du denkst an

Die langen Nächte
Mit kurzen Schlafphasen
Das Zittern, das deinen Körper immer noch ergreift
Während du tiefer in dein Loch fällst

Die Narben
Die immer wieder aufreißen
Die Mauer zwischen dir und den Anderen
Die du nicht abreißen kannst

Die Messer
Die sie zu deinem eigenen Schutz versteckt haben
Die dunklen Geheimnisse
Die du in den letzten Wochen gefunden hast

Doch dazwischen kommen dir

Die Umarmungen
Die du eigentlich abwehren wolltest
Weil Berührungen immer noch bedrohlich sind
Aber dann vertraut wurden

Dein ehrliches Lachen
Das sich teilweise falsch anfühlt
Weil du denkst, dass du das mit deiner Geschichte nicht darfst
Aber dann doch kannst

Das Gefühl, wirklich geliebt zu sein
Für das, was du ehrlich bist
Ohne dass diese Liebe Gefahren für dich mitbringt
Obwohl du das immer nur so kanntest

In den Sinn

Während dein Gegenüber immer noch
Auf seine Antwort wartet
Fällst du tief, aber weich
In ein Netz aus Erinnerungen

Das erste Lächeln nach einer durchgekämpften Nacht
Die Angst deiner Freunde, als sie begriffen, was es mit und aus dir macht
Das Gefühl, nach langem Training nochmal zehn Kilometer gelaufen zu sein
Der Geschmack von gutem Wein

Das Heft, dass du vor Spannung nicht weggelegt hast
In deinem Zimmer das Schattenspiel der Blätter von deinem Lieblingsast
Die Erinnerungen, die deinen Kopf in ein Verließ verwandeln
Die Wut, weil die Leute nicht handeln

Dein so oft gebrochenes Vertrauen
Das ziellose ins-Kissen-hauen
Abende mit deinem Lieblingstee
Nächtliches Schwimmen im See

In dir drinnen blitzen Momente auf
Und
Postkarten
Fußball spielen im Garten
Frieren
Verlieren
Schmerzen
Duftkerzen
Lichterketten
Federbetten
Glasflaschen
Naschen
Wut
Mut
Bücher
Vollgeweinte Taschentücher
Geburtstagsfeste
Lieblingsessensreste

Und dann
Freundschaft
Sonnenuntergänge
Nachtlichter

Und dabei bleibt dein Karussell stehen
Denn jetzt kannst du es endlich sehen

Dass das kleine Licht
Dir die Schwärze der Nacht
Nicht nimmt
Aber vielleicht grau macht
Und dass es nicht stimmt
Wenn du denkst, das verdienst du nicht

Denn du darfst die Helligkeit sehen
Du musstest nämlich viel zu lange im Dunkeln stehen
Oh, du darfst jemanden haben, der dir ein Nachtlicht anmacht
Und dafür kämpft, dass ihr beide wieder lacht

Also schaust du auf
Fühlst dich wie nach einem weiten Lauf
Als du schwach lächelst und sagst
Dass du zumindest
Zufrieden
Bist

Und vielleicht ist die Unterhaltung dann beendet
Weil dein Gesprächspartner sich abwendet
Mehr wollte er ja auch nicht wissen
Doch dann weißt du für dich

Dass du weiter bist als noch vor einiger Zeit
Eigentlich bist du sogar sehr weit
Denn du hast für dich erkannt
Dass du die Hoffnung auf Heilung doch noch nicht verbannt
Sondern nur auf Morgen verschoben hast

Und dann weißt du für dich
Dass Zufriedenheit mehr ist
Als das bloße Glück
Denn dazu hast du dich entschieden
Dazu kommst du zurück
Während die Gefühle vielleicht vergehen
Bleiben deine Entscheidungen bestehen

Also bist du zufrieden
Auch wenn du manchmal noch frierst
Den Kampf gegen die Erinnerungen verlierst
Medikamente zum Einschlafen brauchst
Kaum wem vertraust
Deine Zweifel mit dir durchgehen
Du es hasst, dass dich die meisten nicht verstehen

Weil du weißt
Dass die richtigen Menschen es versuchen
Mit dir Zettel verbrennen
Oder nachts neben dir sitzen
Und dich festhalten

Bis deine Unruhe
Zu-Frieden
Wird

Ewigkeit

Es ist die Art
Wie du mich berührst
Ohne da zu sein

Es ist die Tonlage
In der du zu mir sprichst
Ohne hier zu sein

Die mich glauben lässt
Du hörst nie auf

Feuer und Eis

Zu oft haben meine Worte versagt
Deshalb habe ich es gewagt
Dir Gedichte zu schreiben
Und mich mit Bildern herumzutreiben

Ich will dir sagen, wie sehr ich dich mag
Dass ich mit jedem neuen Tag
Dankbar für dich bin
Aber bis zur Höhe meiner Liebe zu dir kommt man mit Worten nicht hin

Trotzdem will ich es auch mit diesem Gedicht neu probieren
Hoffentlich kannst du dich in den Zeilen verlieren
Denn mein Herz wird sich immer zu deinem neigen
Ich will dir so gerne mein Inneres hiermit zeigen

Doch dafür muss ich mit dir zurück zu den Anfängen gehen
Dorthin, wo meine Augen meistens nur mit Tränen sehen
An die Orte, an denen mein Herz blutet
An denen mich die Angst überflutet

....

Ich bin geboren in einem brennenden Haus
Vor lauter Flammen wusste ich weder ein noch aus
Dachte so oft, ich würde den nächsten Tag nicht erleben
Und dann habe ich heimlich gehofft, es würde meine Eltern nicht geben
Die Flammen haben mir die Haare versengt
Meine Mutter hat mich ihren erniedrigenden Kommentaren eingeengt
Sodass ich dachte, Träume seien zum Verbrennen da
Niemand war mir zuhause nah

Denn die einzigen Hände, die mich berührten
Waren die, die mich in die Suizidalität führten
Ihre Spuren gruben sich tief in meine Seele ein
Sodass ich dachte, nur um verletzt zu werden, da zu sein

Ich dachte, der Sinn meines Lebens sei es, langsam zu sterben
Weißt du, ich habe niemandem mein Inneres gezeigt wegen der Kerben
Wegen der Rillen, die er Nacht für Nacht in mich schlug
Während er sagte, dass er meine Art nicht ertrug

Ich wusste nicht mal, worin meine Fehler lagen
Doch an den besonders verbrannten Tagen
Da dachte ich, die ganze Welt würde in Flammen stehen
Und meine Augen würden nur noch Rauchwolken sehen

Ja, ich bin im Feuer geboren
Doch mein Herz ist zeitgleich vor Kälte erfroren
Ich habe mehr Liebe als die meisten Kinder erfahren
Nur war diese so viel falscher, als Außenstehende es erahnen

Also ist mir nicht viel geblieben
Als Konsequenz habe ich jegliche Wärme vermieden
Habe mich aus Angst vor neuen Verbrennungen isoliert
Ich dachte, es sei besser, wenn mein Herz alleine erfriert

Lieber habe ich vor Alleinsein gezittert
Als noch einmal mitzukriegen, wie es vor Hitze gewittert
Von der Kälte steife Glieder habe ich dem giftigen Rauch vorgezogen
Darum habe ich mich immer mehr verbogen

Frierend habe ich in meiner Einsamkeit gesessen
Die Schmerzen habe ich in mich hineingefressen
Weil ich dachte, niemand würde sich freiwillig die Brandwunden ansehen
Außerdem konnte ich sie keinem gestehen

….

Doch dann traf ich dich
Zwischen Töpfen und Pfannen sahst du mich
Zuerst dachte ich gar nicht daran, meine Mauern abzubauen
Jedoch batst du mich dann, dir zu vertrauen

Ich wusste nicht, wo die Reise hingeht
Deshalb hatte ich so Angst, dass er hinter jeder Ecke steht
Ich dachte jede Minute, eines Tages zünde er mich wieder an
Oder zerstückele mein letztes Bisschen Würde, wie nur er das kann

Aber du hast dir Zeit genommen
Bist immer wieder vorbeigekommen
Du hast mir Schilder gebastelt, auf denen steht, wer ich für dich bin
Und in meiner Verzweiflung meintest du „wir kriegen das hin"

Du bist mir so vieles, was ich dir schon gedichtet habe
Du bist die neue Haut auf jeder alten Narbe
Die, die versteht, wenn alles in Chaos ausbricht
Ich weiß ganz genau: Egal, was noch passiert - du gehst nicht

Doch der Grund, warum ich dieses Gedicht zu schreiben wage
Ist etwas, was ich dir nie sage
Etwas, was sich vielleicht erstmal merkwürdig anhört
Ich hoffe, dass es dich nicht stört

Denn du hast mir neues Feuer gebracht
Eins, das man bewusst anmacht
Du hast mir gezeigt, dass Flammen nicht immer gnadenlos verbrennen
Dass es sich lohnt, nicht automatisch vor ihnen wegzurennen

Wenn man sie nämlich kontrolliert
Anstatt dass man sie aus den Augen verliert
Dann wärmen sie einem das Herz
Sie trösten sogar hinweg über den ganzen vergangenen Schmerz

Wärme schützt vor dem Erfrieren
Umarmen ist nicht das gleiche, wie die Unschuld zu verlieren
Menschen meinen es manchmal auch lieb, wenn sie einen berühren
Und ich fange an, ihn immer weniger auf meiner Haut zu spüren

So sind Tage, Wochen, Jahre vergangen
Währenddessen habe ich angefangen
Wege zu suchen, um dir zu zeigen
Dass es vorbei ist mit dem Verschweigen
Also habe ich die Wärme in deiner Gegenwart gewählt
Leider habe ich nie aufgezählt
Wie du das Eis um mein Herz aufgetaut hast
Doch ich will nicht, dass das wie die Erinnerungen verblasst

Du hast mich angelächelt, wenn ich mich hasste
Du hast mich angenommen, obwohl ich in keine Schublade passte
Du hast dir schon so viele Sprachnachrichten angehört
Du hast dich nie an meiner Überdrehtheit gestört

Du hast mir deine Wochenenden gegeben
Du hast mich mitgenommen in dein Leben
Du hast mir Lieder auf dem Klavier gesungen
Du hast mit mir im Gebet gerungen

Du hast mir neue Spazierwege beigebracht
Du hast nachts um eins noch mit mir gelacht
Du hast mich beim Spielen gewinnen lassen
Du hast mir gezeigt, dass es okay ist, ihn zu hassen

Du hast mich überall hin mitgenommen
Du bist mich schon zu allen Zeiten besuchen gekommen
Du bist Kilometer um Kilometer für mich gefahren
Du hast immer neue Orte rausgesucht, an denen wir noch nicht waren

Du hast mir mein Lieblingsessen gemacht
Du hast für mich über Lösungen nachgedacht
Du hast mich nie aufgegeben
Du hast mir gezeigt, wie es ist, aus vollen Zügen zu leben

Du hast mir so viele Karten und Briefe geschrieben
Du bist auch im Dunkeln an meiner Seite geblieben
Du hast so manches schwierige Gespräch geführt
Du hast mich tief im Inneren berührt

Du hast Meere in mir bewegt
Du hast den Dreck mit mir rausgefegt
Du hast mein Herz langsam aufgetaut
Du hast aus meinen Scherben noch Schmuck gebaut

Diese Liste könnte noch viel weiter gehen
Doch genau jetzt will ich dir einfach nur noch in die Augen sehen
Will dir eins sagen
Denn das trage ich schon in mir seit Tagen

Drüben brennt das Feuer zwar immer noch
Doch ich sitze nicht mehr im Brandloch
Menschen sind immer noch kalt
Und da draußen ist so manche fragwürdige Gestalt

Vielleicht werden die Bösen sich nie ändern
Vielleicht schneiden wir uns immer wieder an ihren scharfen Rändern
Vielleicht fangen wir noch so manches Mal an, zu brennen
Doch ich versichere dir, dann werde ich zu dir rennen

Ich werde die Flammen auf deiner Haut löschen und dich kühlen
Ich werde dich halten, wenn deine Tränen die Schmerzen wegspülen
Ich werde dich wärmen, wenn du wegen der Eisherzen frierst
Ich werde dich auffangen, wenn du denkst, dass du nur verlierst

Heute weiß ich, dass nicht die ganze Welt brennt
Dass nicht jeder meinen Namen aus Boshaftigkeit nennt
Dass das Eis nicht allgegenwärtig ist
Danke, dass du meine Wärme bist

Farben

Meine Sonne ist grau
Meine Wiesen sind anthrazit
Meine Blumen sind schwarz
Und du glaubst, du durchschaust mich

Versuche, dir alle meine Farben zu geben
Damit dein Leben
Bunter wird, als du denkst
Und du dein Herz nicht so wie ich in Grautöne tränkst

Male dir die buntesten Szenen
Nach denen sich andere nur sehnen
Damit du es schaffst, einmal zu lachen
Ich würde so ziemlich alles machen

Aber kommst du mir zu nah
Dann kommst du zu dem, was geschah
Dann ist da nur Schwarz, Braun und Grau
Was gäbe ich selbst für einen Klecks Blau

Hätte so gerne das, was ich dir zeige
Und ich glaube, dass ich dazu neige
Meine wahren Farben zu verstecken
Und die Nuancen zu verdecken

Denn

Meine Sonne ist grau
Meine Wiesen sind anthrazit
Meine Blumen sind schwarz
Und du glaubst, du durchschaust mich

Will dir den Blick ersparen
Versuche also den Schein zu wahren
Erzähle von den Farben, die ich kaum kenne
Während ich vor meiner eigenen Wahrheit wegrenne

Kämpfe, damit du die Farben erkennst
Lasse nicht los, bis du sie mir nennst
Damit du nicht das Dunkle hast
Damit es bei dir nicht auch verblasst

Meine Farben sind weg, aber das geht bald klar
Ich weiß ja, wie es früher war
Als sie noch so grell knallten
Da konnte ich mich kaum halten

Nichts ist mehr, wie es war
Mein Blau ist nicht mehr da
Ich hoffe, du wirst mich nie verstehen
Denn du sollst die Farben doch für immer sehen

Aber

Meine Sonne ist grau
Meine Wiesen sind anthrazit
Meine Blumen sind schwarz
Und du glaubst, du durchschaust mich

Garderobe

Ich friere leicht
Merke kaum, wie mein Blick deinem ausweicht
Vielleicht, weil ich es nicht anders kenne
Vielleicht, weil ich schon seit Jahren nur vor dir wegrenne

Dabei begreife ich in diesem Augenblick
Dass alles für mich hässlich ist, für die Außenwelt aber so schick
Habe, als ich kleiner war, versucht, dir das mit Fragen zu zeigen
Aber deine Antworten brachten, so wie heute, meinen Mut zum Schweigen

Sagtest, ich sei sowas wie deine größte Last
Das Mädchen, dass du statt des von dir gewünschten Jungen bekommen hast
Du magst es nicht, wenn ich das, was alle lieben, kritisiere
Oder mich in neuen Reimen ausprobiere

Ich habe deine Ansichten wie bittere Aspirin gegen die Kopfschmerzen getrunken
Bin in deinem Meer aus Nichtigkeit fast ertrunken
Während du sagtest, das Problem bestehe nur meinetwegen
Anstatt mir einfach deine Hand zu geben

Und vielleicht hättest du das Meer nicht auslöschen können
Aber es scheint so, als würdest du mir das sichere Ufer auch nicht gönnen
Du hättest nicht machen können, dass er es nicht tut
Aber geht man dann weg mit der Ausrede, man möge kein Blut?

Wärst du ein anderer Mensch, hätte ich dich längst gemieden
Hätte dir gesagt, du hast es längst zu weit getrieben
Stattdessen bin ich dabei, dir auch die letzte meiner Münzen zu geben
Nur für den Wunsch nach ein bisschen Geborgenheit in diesem kalten Leben

Und so stehe ich bei dir im Flur

Ich friere leicht
Merke kaum, wie mein Blick deinem ausweicht
Vielleicht, weil ich es nicht anders kenne
Vielleicht, weil ich seit Jahren nur vor dir wegrenne

Denke, es ist paranoid, dir immer noch nicht zu vertrauen
Unchristlich, mir in Gedanken Fluchtpläne aufzubauen
Du lächelst, stellst mich auf die Probe
Deshalb drehe ich mich mit meiner Jacke in der Hand zur Garderobe

Bin im Begriff zu bleiben
Ein bisschen mit der Phantasie zu treiben
Doch das ist der Moment, in dem du mir das Messer

Wieder in den Rücken rammst

Und ich blute
So sehr
Doch du schreist mich nur an
Bis ich wieder anfange
Mich zu schämen, dass ich deinen Teppich beschmutze

Gewitter

Mag nicht aufstehen
Nicht in den Spiegel sehen
Nie wieder darüber sprechen
Denn das fühlt sich an wie Zerbrechen

Wenn das überhaupt noch geht
Denn wer nicht mehr steht
Kann nicht mehr fallen
Und wer nicht mehr spricht
Läuft nicht in Gefahr, vor Schmerzen zu lallen

Zwischen uns ein Ozean
Den ich nicht überqueren kann
Zwischen uns ein Berg
Doch ich bin nur ein Zwerg

Komme nicht an dich heran
Weil ich mich nicht erklären kann
Aber ich will die Mauer brechen
Deshalb versuche ich, doch zu „sprechen"

Es ist, als würde ich nicht zählen
Habe ständig Gedanken, die mich quälen
Fühle mich, als würde ich sicher nur verlieren
Ohne das Spiel überhaupt auszuprobieren

Kann meine Werte kaum mehr benennen
Würde am liebsten nur noch rennen
Aber ich weiß nicht, wohin
Hauptsache weg von mir, doch das ergibt keinen Sinn

Wenn man vor Schmerzen nur noch weint und zittert
Freut man sich, wenn es draußen gewittert
Denn das ist, als würde das Wetter sagen
Dass es okay ist, an dem Ganzen zu verzagen

Meine Uhren stehen alle still
Ich habe keine Ahnung, was ich will
Außer dass ich aufhöre, es immer zu durchleben
Und dass mein Boden aufhört zu beben

Jede plötzliche Berührung wirft mich dahin zurück
Ja, der Riss in mir klafft Stück für Stück
Habe so große Angst, dass es zwischen uns knallt
Aber suche trotzdem bei dir nach Halt

Manchmal schubse ich dich deshalb weg
Denn irgendwie liege ich im Dreck
Doch ich möchte nicht, dass du dich beschmierst
Oder meinetwegen deine Fassung verlierst

Ich möchte nicht, dass du gehst
Sondern dass du ein bisschen neben mir stehst
Und meine Hand hältst
Wenn in mir wieder alles zerfällt

Du musst nicht mal was sagen
Es reicht, wenn wir das hier zusammen tragen

Gift

Hast in mein Wasserglas
Gift gemischt
Meine Weltsicht
Mit deinen Verbrechen weggewischt

Deinetwegen muss ich hinter den Mauern
Der Psychiatrie kauern

Und in die Liebe, die ich heute brauche
Verkleidet sich die, deretwegen ich meine Seele verstauche

Ein Schmerz bei jedem Gedanken
Bringt meinen Lebensmut ins Wanken

Deine Liebe wurde zu Gift
Das jede meiner Hoffnungen ins Herz trifft

Graue Haare

Monatelang habe ich keine Zeilen geschrieben
Mit den Gedanken bin ich für mich geblieben
Aus Angst, dass Buchstaben auf weißem Papier ihren Sinn nicht erfüllen
Und dich, der das hier liest, nur in eine weiche Decke hüllen

Eine Decke, bestehend aus dem Glauben, alles würde besser werden
Und während du dich daran wärmst, würde ich immer noch am liebsten sterben
Es gibt Tage, da würde ich gerne alles abbrechen
Weil die Schmerzen tollwütig ihre rostigen Messer in mich stechen

Dann frage ich mich:
Wann wird aus dem „du schaffst das" ein „du hast es geschafft"?
Oder ist die Anstrengung vergeblich
Und ich werde „in der Hälfte meiner Tage"[1] von dem Trauma „dahingerafft"[2]?

Woher weiß ich, dass der Kampf sich auch nur ansatzweise lohnt
Dass es nur vorübergehend ist, wenn die Angst in mir erhaben thront
Wer sagt mir, dass ich eines Tages studieren und dann arbeiten kann
Wann fängt das „irgendwann" dann endlich an?

---

[1] Psalm 102
[2] 1. Chronika 21

Das sind Tage, an denen die Septembersonne gegen den Novembernebel verliert
Die Wolkendecke meine Hoffnung verschmiert
Meine Träume sich immer noch um seine Hände drehen
Doch das sind die Tage, die Außenstehende so gerne übersehen

Der Weg ist länger, als man es sagte
Die Kluft breiter, als ich zu springen wagte
Aber kann man es jemandem verübeln, es nicht zu auszuprobieren
Wenn ihn jeden Tag diese unbeschreiblichen Schmerzen schikanieren?

Und ja, es gibt unseren Gott, der alles überwacht
Klar, Er hat das Böse und seine Folgen nicht gemacht
Er wollte nicht, dass ich nachts zitternd im Bett kauere
Auch nicht, dass ich die Wand immer höher mauere

Nur ist es für dich einfach leichter, auf Ihn zu hoffen
Glaube mir, dass ich es nicht kann, hat mich tief getroffen
Es stach mitten ins Herz
Aber mit „Gott ist mein Vater" verbinde ich gerade hauptsächlich Schmerz

Denn wo ist mein Vater, der mich rettet?
Denn meiner hat darauf, dass er mich zum Weinen bringen kann, gewettet
Hat mir nachts meine Grenzen, meinen Willen und meine Unschuld geraubt
Dabei hat er offiziell auch an diesen Gott geglaubt

Sonntagmorgens ist er in den Gottesdienst gegangen
Abends hat dann mein Leben an seiner Lust gehangen
Morgens hat er seinen Zehner in die Kollekte geschmissen
Abends hatte er meine stillen Schreie auf dem Gewissen

Die Sache ist nicht mal nur, dass ich das auf Gott übertrage,
Sondern, dass ich mich frage
Wie so ein liebender Vater dabei zusehen kann
Vor allem dabei, wie das alles tagtäglich von vorne begann

Wie konnte er Mama alles ignorieren lassen?
Er sollte das Böse doch hassen!?
Warum lässt er mich die Hoffnung gerade verlieren?
Und warum erlaubt er Papas Blicken, mich Nacht für Nacht anzustieren?

Es heißt, die Krankheit sei ein biblischer Prozess und vollkommen normal
Aber nicht jeden kratzt der gleiche Schal
Und ich lüge nicht, wenn ich sage, ich habe es ehrlich mit Gott probiert
Denn ich habe Ihn wirklich in meine Dramen integriert

Ich habe mit Ihm besprochen, worüber ich nicht sprechen kann,
Trotzdem fing vor einem Jahr die Depression ihr Spiel mit der PTBS an
Obwohl ich Bücher las, betete und Verse lernte
Scheint mir meine Gesundheit so weit weg wie die Sterne

Also hör bitte auf, meinen Zustand als Folge meiner Untreue zu betrachten
Denn die Dinge, die dir Segen brachten
Sind die, die mich verzweifeln ließen,
Blumen gehen ein, wenn wir alle nach Schema F gießen

Natürlich bin ich nicht komplett rein und frei
Sicher ist auch ein Eigenanteil an Schuld dabei
Vielleicht hätte ich es mit mehr Therapien statt mit Verdrängen versuchen sollen
Aber kann man es mir so übelnehmen, einfach nur Frau sein zu wollen?

Mit 21 will ich mich doch auch fragen, wo ich meinen Master mache
Oder wann ich wieder bis zu den Bauchschmerzen lache
Ich will darüber grübeln, wo ich meinen nächsten Urlaub buche
Und darüber, welches Kleid ich mir für die Hochzeiten meiner Freunde aussuche

Ich will mir die Nächte wegen guter Gespräche um die Ohren schlagen
Am liebsten auch ernsthaft so Sätze wie „alles wird gut werden" sagen
Dann möchte ich volle Räume und Menschenmassen lieben
Und mich kaum noch halten können, weil die Endorphine mich wieder antrieben

Stattdessen grübele ich, ob meine Narben jemals blass werden
Oder muss ich vorher sterben?
Werde ich jemals mit dem Abschluss in der Hand auf einer Bühne stehen?
Oder jedes Jahr aufs Neue das Krankenhaus von innen sehen?

Werde ich es eines Tages freiwillig schaffen, mein Bett zu verlassen?
Werden die Erinnerungen wie ein scharfer Geschmack verblassen?
Wird meine Haut jemals Falten kriegen?
Und werde ich irgendwann die Alpträume besiegen?

Es mag komisch klingen, dass ich nicht weiß, ob ich jemals graue Haare kriege
Denn obwohl sie vielleicht nicht schön sind, sind sie doch der Beweis, dass ich siege
Dass ich ihn trotz allem nicht gewinnen lasse
Und vielleicht stehe ich irgendwann mit grauen Haaren vor einer Klasse

Dann kann es sein, dass wenn ich nicht gehe
Ein Moment aufblitzt
In dem ich es einsehe
Dass es sich gelohnt hat, obwohl der Zweifel immer durch mich flitzt,

Auf genau diesen Moment zu warten

Hände

Sag mal, weißt du noch
Wie wir damals da lagen
Bei weitem nicht allein
Und doch nur wir
Du hast meine Hand genommen
Weil ich vom Schlaf halb benommen
Dich fragte, ob du doch
Obwohl du nach diesen langen Tagen
Müde bist, gerade für mich da sein
Kannst und dann blieben wir wach bis halb vier

Da war alles noch leicht
Und da dachte ich schon, es sei schwer
Da war das Wasser noch seicht
Und da dachte ich schon, es sei das tiefe Meer

Haben uns schnell
Aber später erst gut kennengelernt
Wusste, dass du Rührei mit Nutella isst
Aber nicht, was dich beschäftigt
Du wusstest, dass ich gerne rumtobe
Aber nicht, was mich ausmacht

Und dann hattest du selten Zeit
Aber mich schobst du immer dazwischen
Denn die Wege zwischen unseren Herzen waren
Im Gegensatz zu denen zwischen unseren Welten
Nie weit

Und weißt du noch
Wie wir damals da lagen
Bei weitem nicht allein
Und doch nur wir
Du hast meine Hand genommen
Weil ich vom Schlaf halb benommen
Dich fragte, ob du doch
Obwohl du nach diesen langen Tagen
Müde bist, gerade für mich da sein
Kannst und dann blieben wir wach bis halb vier

Hätten wir damals gewusst, wo wir heute stehen
Oder nur geahnt, wodurch wir im Moment zusammen gehen
Hättest du trotzdem meine Hand gegriffen
Wärst du in meinem Wasser losgerudert trotz allen Riffen?

Ja und aus Septembersomme
Wurde Novembernebel
Der Junijubel
War plötzlich Dezemberdepression

Dabei
Wären wir gerne welche von den Guten
Welche von denen, denen sie Herausforderungen zumuten
Wären wir gerne welche von den Tollen
Welche von denen, die sie um sich haben wollen
Wären wir gerne welche von den Lieben
Welche von denen, die das Positive aussieben
Wären wir gerne welche von den Netten
Welche von denen, auf deren Meinung sie wetten

Nur erfüllen wir unsere eigenen Erwartungen nicht
Stecken in der Dunkelheit anstatt im Licht
Dümpeln in unseren oberflächlichen Tiefen
Sind genervt von den Schreien, die wir selbst riefen

Laufen nicht mehr zu Gott hin, sondern wild umher
Sind Schwimmer im Meer
Die das Land nicht sehen
Ich kann dich und du mich
Nicht verstehen

Dabei sind wir uns selbst ganz klar
Über das was ist und das was war
Hängen in den Versionen der Geschichte
Die wir von und für uns zurechtgeschnitten haben
Doch wir gehen unter wegen der von uns angehängten Gewichte

Und dann fangen wir an, uns gegenseitig zu verletzen
Ich sage dir, was mich an dir stört, anstatt das Wertvolle zu schätzen
Du lässt mich stehen
Ich dich nur zu gerne gehen
So stehen wir dann frierend im Regen
Unserer eigenen Sünde wegen

Aber weißt du noch
Wie wir damals da lagen
Bei weitem nicht allein
Und doch nur wir
Du hast meine Hand genommen
Weil ich vom Schlaf halb benommen
Dich fragte, ob du doch
Obwohl du nach diesen langen Tagen
Müde bist, gerade für mich da sein
Kannst und dann blieben wir wach bis halb vier

Und ich würde wieder deine Hand haben wollen

Ich würde es wieder tun
Würde dich wieder angrinsen
Mit dir im Watt schwimmen gehen
Mich meinetwegen auch dabei am Fuß verletzen
Ich würde wieder mit dir zum Frisör gehen
Mit dir vor deiner Gemeinde Rollenspiele spielen
Mich meinetwegen auch wieder im Text verhaspeln
Ich würde es dir wieder erzählen
Dich anrufen, wenn die Erinnerungen mich nachts quälen

Lass es uns aufs Neue versuchen
Mit Gott gehen anstatt die Kraft in uns selbst zu suchen
Dann können wir uns ver- und auch besser ertragen
Mit dir und Gott will ich es wagen
In die Schlucht zu schauen
Und aus den Trümmern
Keine Städte aber vielleicht
Erstmal Bänke
Zu bauen

Ja und ich will dich mehr verstehen
Will öfter zwischen deinen Zeilen
Lesen und hinter die Fassade sehen
Will bei dir bleiben anstatt nur zu verweilen

Lass mich deine Hand noch einmal halten
Auch in den dunkeln Tagen, den kalten
Kann dir nicht genau sagen, was es damit auf sich hat
Aber mit deiner Hand in meiner ist es nicht mehr ganz so matt

Danke, dass du mich trägst
Wenn ich mich selbst nicht mehr ertragen kann
Dass du jedes Wort abwägst
Wenn ich immer die gleichen Fragen stelle
Weil ich es nicht mehr abwarten will
Dass du dir überlegst
Wie ich schlafen, mich ablenken oder auf Jesus sehen kann

Und wenn ich dich frage, wie man das alles schafft
Lautet deine Antwort: mit Gottes Kraft

Freundin,
Mit Ihm sind wir welche von den Guten
Welche von denen, denen sie Herausforderungen zumuten
Mit ihm sind wir welche von den Tollen
Welche von denen, die sie um sich haben wollen
Mit ihm sind wir welche von den Lieben
Welche von denen, die das Positive aussieben
Mit ihm sind wir welche von den Netten
Welche von denen, auf deren Meinung sie wetten

Gott bringt uns aus der Dunkelheit in Sein Licht
Wir schwimmen immer noch im Meer
Aber Er fährt mit Seinen Rettungsboten nebenher
Wir können das Ufer immer noch nicht sehen
Aber Gott kann uns wirklich verstehen

Lass uns weniger Druck
Und mehr Liebe haben
Komm wir geben uns einen Ruck
Und schauen mehr auf die Farben

Wahrscheinlich wird das nicht immer funktionieren
Ab und zu werden wir
Die Fassung
Hoffnung
Geduld
Verlier
En
Den
Aber nie
Dort wo wir
Angefangen haben
Sondern immer ein Stück
Näher am Ziel, das wir trotz allem fokussieren

Ich weiß, wir können gerade kaum dran glauben
Aber irgendwann sitzen wir vor der Glockenwelt und essen Weintrauben
Du mit Gitarre und ich mit Gedichten
Dann erzählen wir uns unsere Geschichten
Lassen die Erinnerungen auf uns herabrieseln
Ich sammele einen von den Kieseln
Wir haben tiefgründige Höhen statt
Oberflächigen Tiefs und nichts ist mehr matt
Wir staunen, wie Gott unsere Wunden verband
Und dann nehme ich deine Hand

Vielleicht sind es die kleinen Momente
Vielleicht aber auch das ganze Leben
Aber wir sind dazu aufgefordert, mit Gott
Alles zu geben
Kommen Etappenziele nicht davon
Dass man etwas Schwieriges überstanden hat?
Kann schon sein

Ja vielleicht ist das hier ein
Weiterer Meilenstein

Kontrolle

Ich habe sie nie
Besessen
Warst du von ihr

Wärst ohne sie
Untergegangen
Bin ich durch dich

Leben

Ich sage dir
Ich will nicht mehr leben
Aber eigentlich hat es mich schon
Längst getötet
Denn was ist schon leben
Wenn man sterben will

Mein eigener Palast

Du sagst, ich sei anders
Ruhiger und bedachter irgendwie
So still war ich früher anscheinend nie
Ich schaue dich stumm an
Würde dir gerne beschreiben, was ich nicht sagen kann

Monate sind es her, seit wir uns das letzte Mal sahen
Du etwas dünner, ich mit etwas längeren Haaren
Die Luft etwas wärmer und die Klimaanlagen etwas kühler
Ich weiß noch, wie ich dachte
Hoffentlich bleibt es immer so

Unbeschwert, aber das Leben
Hat dir viel und mir den Rest
Gegeben
Wusste nicht, wie
Oder wann
Aber dass ich dich verlieren würde
Wenn es so weitergeht

Hätte ich die Bremse gefunden
Hätte ich sie gezogen
Hätte ich das Ventil entdeckt
Hätte ich es geöffnet

Du sagst, ich sei anders
Passiver und trauriger irgendwie
So melancholisch war ich früher anscheinend nie
Ich schaue dich nur stumm an
Soll ich dir sagen, was ich nicht sagen kann?

Wochen sind es her, seit ich das letzte Mal glaubte
Daran, dass er mir nicht alles raubte
Denn es fühlt sich wie Diebstahl an
Kann dir nicht mal genau sagen
Was weg

Ist
Das nicht albern
Dingen hinterher zu trauern
Und dabei erst stückweise zu begreifen
Was eigentlich fehlt
Und nicht mehr bei mir
Sondern bei ihm ist?

Vielleicht ist es die Reinheit
Vielleicht auch mein Schlaf
Vielleicht ist es das Vertrauen
Vielleicht auch mein Wert

Du sagst, ich sei anders
Frustrierter und provokanter irgendwie
So trotzig war ich früher anscheinend nie
Ich schaue dich nur stumm an
Willst du überhaupt hören, was ich nicht sagen kann!?

Tage sind es her, seit du das letzte Mal fragtest
Diesen Schritt in meine Privatsphäre wagtest
Habe es mir selbst mir dir verbaut
Indem ich nichts antwortete
Wollte dich schonen
Vor den Worten, die mehr als

Wehtun
Darf es einfach nicht mehr
Eigentlich ist es doch schon Jahre her
Aber dann wache ich nachts auf
Und die Erinnerungen regnen auf mich drauf
Mein Körper zittert
Während es draußen wie zur Bestätigung gewittert

Kann ich nicht einmal schlucken?
Kann ich nicht eine Stunde tapfer sein?
Kann ich nicht einmal wie früher lachen?
Kann ich nicht eine Nacht hoffnungsvoll sein?

Ich sage dir, es ist alles anders
Schwärzer und kälter irgendwie
So beängstigend war es früher wirklich nie
Deshalb schaue ich dich nur stumm an
Und es gibt Teile meines Lebens, die ich dir nicht sagen kann

Vielleicht dauert es Jahre
Bis ich hier durchblicke
Und wieder Bälle mit dir über Sportplätze kicke
Aber im Moment mache ich dir nur alles grau
Du weigerst dich, es zuzugeben, aber ich weiß es genau
Das ist der Grund, warum ich es für mich bewahre

Nur dann sind die Nächte so kalt
Ja ich fühle mich schutzlos in meinem eigenen Wald
Bin Opfer meiner eigenen Hast
Ein Gefangener in meinem eigenen Palast
Fliehe vor meinen eigenen Gedanken
Versperre mir den Weg durch meine eigenen Schranken

Und ich habe Angst, dass du gehst
Hoffe, dass du bleibst
Aber ich weiß, dass du nicht übertreibst
Wenn du sagst, dass du dir die Arme dabei verdrehst

Gleich wird alles anders
Ernster und belasteter irgendwie
So tiefgründig waren unsere Gespräche nie
Wir schauen uns stumm an
Dann fange ich an, zu erzählen, was ich eigentlich nicht sagen kann

So sitze jetzt ich bei dir
Meine Geschichte verknüllt deine Hoffnung wie ein Blatt Papier
Dir laufen die Tränen über das Gesicht
Genau das wollte ich eben nicht

Ich sollte dir doch ein Segen sein
Gerade bin ich dein Fluch
Ich wollte für dich eine Freundin sein
Aber jetzt bin ich dein rotes Tuch

Jetzt sitzen wir hier in unseren Schlafanzügen
Mit dir kann mir auch kalter Tee genügen
Du musst morgen früh raus
Die Musik geht langsam aus

Doch dann hockst du dich neben mich
Aus Schwarz wird langsam gräulich
Und aus schlecht nicht gut
Aber vielleicht okay
Für ein paar Stunden

Und ja, alles ist anders
Düsterer, heller, fremder, vertrauter irgendwie
Dass es so wird, dachte ich nie
Wir schauen uns immer noch stumm an
Nur verstehst du mich jetzt, wenn ich etwas nicht sofort sagen kann

Du hast Ideen, die ich nicht hatte
Packst mich in Gottes Liebe, anstatt in Watte
Und vielleicht fallen wir hin
Aber du glaubst an diesen Sinn
Den Gott allen Umständen gibt
Versicherst mir, dass Er mich immer noch liebt.

Mag sein, dass es anders ist

Aber vielleicht bedeutet anders dieses Mal

Besser.

Meine Flasche läuft aus

-Für alle die, die niemals und doch zu schnell aufgeben-

Meine Flasche läuft aus
Schon zum dritten Mal diese Woche
Alles ist nass
Aber ich will sie nicht aufgeben

Auslaufende Flaschen zu behalten
Ist so sinnlos, wie Autos im Regen zu waschen
Unnötige Mühe
Doch ich will sie nicht aufgeben

Habe so viel mit ihr erlebt
Verbinde was mit der Zeit, in der ich sie gekauft habe
All die Orte, Menschen, Gespräche, in denen ich sie bei mir hatte

Deshalb

Gebe ihr immer wieder eine Chance
Behandele sie vorsichtig
Habe immer wieder Hoffnung, dass es klappt
Weil ich sie nicht aufgeben will

Und wie bin ich zu Menschen?

Da hat mir jemand schon wieder weh getan
Sich entschuldigt
Versucht sich zu bessern
Aber ich will die Person aufgeben

Der Person zu vergeben
Ist so erleichternd, wie Rucksäcke abzulegen
Befreiender Friede
Doch ich will sie aufgeben

Habe so viel mit der Person erlebt
Verbinde was mit der Zeit, in der ich sie kennengelernt habe
All die Orte, Menschen, Gespräche mit ihr

Warum

Gebe ich meinen Mitmenschen nicht immer wieder neue Chancen
Behandele sie liebevoll
Habe immer wieder Hoffnung, dass es klappt
Weil mir daran liegt, sie nicht aufzugeben?

Und wie ist Gott zu mir?

Ich habe Ihm so oft weh getan
Einen Alleingang gestartet
Ihn aus meinem Leben gesperrt
Aber Er wird mich nicht aufgeben

Nicht auf Gott zu schauen
Ist so dumm, wie blind Auto zu fahren
Und doch passiert es mir immer wieder
Aber Er wird mich nicht aufgeben

Er kennt mich
Wartet darauf, dass ich wieder zur Besinnung komme
All die immer gleichen Fehler, Probleme, Unsicherheiten von mir
Aber Er wird mich nicht aufgeben

Weil

Mein Gott uns Menschen so sehr liebt
Dass Er seinen Sohn gab
Der am Kreuz für unsere Fehler starb
Wird er uns nicht aufgeben

Und das nächste Mal
Wenn meine Flasche ausläuft
Und ich weiß, dass es passieren wird

Das nächste Mal
Wenn jemand mich verletzt
Und ich weiß, dass es passieren wird

Denke ich an Gott
Der mich aus Gnade zu sich gezogen hat
Obwohl Er wusste, was passieren wird

Und der mich nicht aufgibt

Noch etwas

Ich wäre lieber noch etwas schlauer gewesen
Wäre von meinen Krankheiten noch etwas schneller genesen
Ich wünschte, ich hätte noch etwas mehr für Prüfungen geübt
Hätte mich noch etwas mehr mit Freunden vergnügt

Denn jetzt sind meine Ressourcen leer
Mein Herz ist so unglaublich schwer
Meine Gedanken drehen sich um mein Ende
Ich greife, aber ich fasse keine haltenden Hände

Nun bin ich hinter den Mauern der Psychiatrie gefangen
Weil seine Begierden sich an mir vergangen
Indem er meinen Schmerz wie Schokolade genoss
Und mich zertrampelte wie einen kleinen Spross

Noch etwas doller und vielleicht wäre ich jetzt tot
Aber ist das relevant, wenn ein Vater sein Kind bedroht?
Denn dein Körperteil in mir
War weitaus grausamer als alle meine Worte auf diesem Papier

Es war noch etwas schlimmer, als ich dir, meiner engsten Freundin, sagte
Meine Schmerzen noch heftiger, als ich mich beklagte
Ich habe noch mehr Nächte, als ich mich meldete, gezittert
Mein Mut ist stärker, als es aussieht, zerknittert

Diese Tiefe kann ich nicht fassen
Denn obwohl die Erinnerungen schrecklich auf mich einprassen
Ist mein Körper nämlich mein eigener Feind
Zwar hat er es nie böse gemeint
Aber er fühlt sich immer noch mit dir vereint
Die Schmerzen sind noch etwas mehr
Mein Körper gibt die Empfindungen nicht mehr her
Er hält sie fest mit eisernen Händen
Deshalb bedeutet *Befreiung*, sich gegen ihn zu wenden

Sie bedeutet, zu weinen, zu zittern, zu schreien, zu träumen
Sich noch etwas mehr gegen sich selbst aufzubäumen
Das Messer und den Drang danach nicht gewinnen zu lassen
Bis beide schließlich verblassen

Deswegen würde ich am liebsten noch etwas bei dir sein
So tun, als holten die Kämpfe mich nicht ein
Noch etwas in deinen Armen liegen
Denn dort können sie mich nicht kriegen

Am liebsten für immer

Aber erstmal, um die Ressourcen wieder aufzufüllen
Bevor die Ängste und Schmerzen mich mal wieder einhüllen
Will ich etwas

Noch
Etwas

Meer

Und es brennt
Ein ganzes Meer in mir
Doch du sagst
Ich soll mich nicht so kalt anziehen

Novembernebel

Der November kommt
Mit ihm der Nebel
Sie sagen, das sei normal
Aber es trifft mich trotzdem
Als hätte ich bis heute weder einen
November
Noch einen
Nebel
Erlebt

Im August
Habe ich noch geglaubt
Ich wusste nicht mehr
Wohin mit den Gefühlen
Die du nicht fühlst

Meine Worte
Reichten nicht aus
Um auszudrücken
Was mein Herz so überfluten kann
Während du gerade mal lächelst

Freude, Trauer, Angst, Liebe
Waren so klar
Wie der blaue Sommerhimmel
Habe so gern hochgesehen
Und versucht, dir meine Welt zu erklären

Aber der Novembernebel
Hat mir die Sicht genommen
Da ist nur ein tristes Grau
Weder Freude, Trauer, Angst, noch Liebe

Alles gleich
Gleich grau
Gleich dumpf
Eingehüllt in den Novembernebel

Im September
Habe ich noch geglaubt
Ich wüsste nicht mehr
Wohin mit den Bildern
Die du nicht siehst

So viele Farben
Die nicht in Begriffe zu fassen sind
Bewegen mich wie
Der Wind Grashalme umherwirft
Während du sie schlicht registrierst

Alles war so strahlend
Dass ich, wenn ich meine Augen geschlossen habe
Immer noch sehen konnte
Wie bunt es draußen ist
Während du schon schliefst

Dann legte der Novembernebel
Sich über meine Farben
Wie eine Tagesdecke
Über bunte Bettwäsche
Alles gleich
Gleich grau
Gleich dumpf
Eingehüllt in den Novembernebel

Im Oktober
Habe ich noch geglaubt
Ich wüsste nicht mehr
Wohin mit den Geschichten
Die ich dir zu erzählen habe

Hätte ich Zeit gehabt
Und hättest du die Ruhe gehabt
Hätte ich dir erzählt, was alles passiert ist
Du hättest mit mir gelacht, geweint, gefühlt
Und du hättest verstanden

Es war so viel
Dass es mich erdrückte
Mir die Luft nahm
Mich ertrinken lies
Sodass ich flüchten musste in den

Novembernebel
Betäubt, generalisiert, beruhigt
Schützt das Herz
Und schwächt die Gefühle ab
Alles gleich
Gleich grau
Gleich dumpf
Eingehüllt in den Novembernebel

Ich sehe nichts mehr
Ich fühle nichts mehr
Ich erzähle nichts mehr

Bin hier sicher vor

Leid

Angst

Einsamkeit

Schmerzen

Kummer

Tränen

Denn der Novembernebel

Umhüllt mich wie ein Wintermantel

Doch ich sehe dich nicht

Du sagst, du bist nicht weit

Aber ich sehe dich nicht

Du streckst deine Hand aus, um mich zu halten

Nur sehe ich dich nicht

Du meinst, du seist da und hörst mir zu

Doch ich sehe dich nicht

Langsam merke ich, wie ich

Gleich werde

Gleich grau

Gleich dumpf

Wie der Novembernebel

Papparazzi

In deinen Augen diese wissenden Blicke
Die mich, während ich meine Seele zusammenflicke
Gegen Mauern aus Vorurteilen rennen lassen
Mir wäre es fast lieber, du würdest mich

Verlassen kann ich mich auf nichts mehr
Denn die Informationen, die du nun hast, geben viel zu viel Intimität her
Du hast sie in dich aufgenommen wie Papparazzi-Foto-Futter
Auf silbernen Tellern serviert von meiner

Mutter wollte sie nicht mehr für mich sein
Doch trotz der Zweifel ließ ich mich auf ihre Bewältigungsstrategien ein
Aber du glaubst nicht, wie es mich zerreißt
Dass du jetzt alles

Weißt du, wie viele Nächte ich zerstückelt durch Erinnerungen verbringe?
Ist dir klar, dass ich vieles, aber nicht Gottes Güte besinge?
Denn ich kann nicht von Gnade sprechen
Wenn mir die Flashbacks die Knochen

Brechen die Berichte, die du bekamst, nicht alle Grenzen?
Oder würdest du sie viel lieber noch mit pikanten Details ergänzen
Packt dich die Lust auf Grausamkeit wie Buchstaben Krimiautoren
Sag schon: willst du weiter in mir

Bohren und schütteln tun mich deine Blicke
Denn egal, welche Stoßgebete ich in den Himmel schicke
Es ist zu spät, weil du meine Geschichte jetzt kennst
Dabei sind wir nicht annähernd so vertraut, wie du es

Nennst du mich jetzt Opfer seiner Lust?
Hast du dich gefragt, ob du ihn jetzt meiden musst?
Kannst du die Auswirkungen auf mein Leben jetzt verstehen?
Wirst du mich jetzt immer als Geschädigte

Sehen kann ich in deinen Augen, dass du mich jetzt abstempelst
Und während du dir gerade die Ärmel hochkrempelst
Weil du denkst, du müsstest mich jetzt anders behandeln
Soll ich mich vor deinen Augen in die Schwache

Verwandeln wird sich mein Bild von dir
Denn ich wollte mit dir das Jetzt und Hier
Ich wollte mit dir nicht in der Vergangenheit leben
Du konntest mir die Illusion einer heilen Welt

Geben wir jetzt alles und uns auf?
Läuft unsere Beziehung immer weiter bergab und unsere Krise bergauf?
Siehst du nicht, wie deine Informationen unsere Freundschaft zerstören
Ich wollte doch nur zu deiner heilen Welt

Gehören die Tränen auf dem Tisch zu dir oder sind das meine?
Wie lange hältst du es aus, dass ich weine?
Bist du wirklich betroffen, oder willst du nur neue Informationen?
Denkst du wirklich, ich würde deine Neugier stillen und mich nicht

Schonen wollte ich uns beide damit, es nicht zu erzählen
Ich wollte den Kreis der Mitwissenden bewusst wählen
Doch da gab es wen, der dir alles verraten hat
Der von seinen Verbrechen erzählt hat, um zu verdecken, was er selbst

Tat dir das auch nur ein bisschen weh?
Siehst du auch den in mir aufgestauten See?
Das Wasser voller Momente, die mich ertrinken ließen
Willst du wissen, wie es war, oder willst du deine Neugier
Gießen?

Salzwasser

Sein Stöhnen
Das dich bis heute verfolgt
Ist das Salz, was dich das letzte Bisschen Wasser
Nach einer Wüstenwanderung
Wieder ausspucken lässt

– warum Heilung so schwierig ist

Schnee im Frühling

Es ist Frühling
Alles blüht und die Leute wachen auf
Ziehen leichte Kleidung an
Putzen ihre Häuser
Und vergessen, wie der Winter war

Es wird wärmer
Die Tage werden länger
Man geht wieder raus
Genießt den Geruch nach Regenschauern
Und vergisst, dass es einen Winter gab

Und dann schneit es
Wir erkälten uns
Trauen unseren Augen nicht mehr
Wollen den Frühling zurück
Den Winter hatten wir doch lang genug

Die Schneeflocken fallen
Aber niemand findet das passend
Wir wollen die Blumen
Wollen picknicken
Der Winter braucht auch nicht mehr wiederkommen

—

Es ging dir besser
Du hast wieder geredet
Hast manchmal sogar gelächelt
Langsam bist du wieder aufgestanden
Und ich habe vergessen, wie hart die letzte Zeit war

Du bist wieder im Alltag gelandet
Es wirkte so, als würdest du das meistern
Du hast Leute besucht
Sogar wieder Sport gemacht
Und ich habe vergessen, dass es auch harte Zeiten gab

Und dann fängst du wieder an, zu weinen
Ich bin nicht mehr vorbereitet
Traue meinen Augen nicht mehr
Will die guten Phasen zurück
Die harte Zeit hatten wir doch lange genug

Deine Tränen tropfen
Aber niemand findet das passend
Ich will dein Lachen
Will Spaß haben mit dir
Die harte Zeit braucht auch nicht mehr wiederkommen

—

Die Menschen
Lieben den Frühling
Feiern den Sommer
Ertragen den Herbst
Hassen den Winter

Der Frühling könnte
3 Jahre dauern
Der Winter nur
3 Tage anhalten
Und selbst das wäre zu viel

Aber es heißt
Dass wir nur die Sonne vermissen
Wenn es schneit
Dass der Winter dazugehört
Wie die Sterne zur Nacht

–

Die Menschen
Lieben den Aufstieg
Leben das Hochgefühl
Ertragen den Alltag
Hassen die Schmerzen

Der Aufstieg könnte
Ewig dauern
Die Schmerzen
Einen Augenblick
Und selbst das wäre zu viel

Aber es heißt
Dass wir die Schmerzen brauchen
Um zu wachsen
Dass die Schmerzen dazugehören
Wie die Sterne zur Nacht

–

Heute hast du mich angerufen
Hast nur geschluchzt
Hast geglaubt, es sei vorbei
Und ehrlich gesagt
Habe ich das auch gedacht

Ich verstehe nicht
Warum dein Winter wiederkommt
Wie der Schnee im April
Warum du wieder leidest
Aber ich weiß

Ich weiß, dass
Gott es weiß
Dass Er dir nicht mehr Schnee gibt
Dass du trotz allem
Noch blühen kannst

Ich weiß, dass
Gott deinen Schnee benutzen kann
Zum Kühlen der Wunden anderer
Oder damit du dich doppelt so sehr
Über den Frühling freust

Denn der Frühling wird kommen
So sicher
Wie der Winter wiederkommen wird
Weil alles vergeht
Und nur Gott deine Konstante ist

Und wenn du dich fragst
Ob Gott sich mit dem Schnee im Frühling vertan hat
Dann frage ich dich
Ob du Gottes Plan kennst
Und das tust du nicht

Wir brauchen den Schnee
Auch, wenn wir es nicht immer verstehen
Weil wir frieren, wenn er da ist
Und vielleicht würden wir ohne Schnee
die Sonne weniger lieben

Gott ist unsere Sonne

Seelenfeuer

Die Hände tief in den Hosentaschen vergraben
Damit niemand sieht, wie sie zittern
Bei dem Gedanken, es könnte heute Abend gewittern
Weil du weißt, dass sie kein Verständnis dafür haben

Während du mitten im Geschehen, aber doch für dich alleine stehst
Nimmst du kaum wahr, wie sie um dich herum diskutieren
Über Speisepläne, Rocklängen, wie es ist, den Schlüssel zu verlieren,
Während du darüber nachdenkst, wie es wäre, wenn du für immer gehst

Raus aus der Stadt, in der alle falsche Gesichter tragen
Nur, um sich schöner zu geben
Raus aus diesem Leben
Denn wenn du ehrlich bist, vermisst du die Sonne seit Tagen

Denn in dir drinnen hat alles die Farbe von Asphalt
Hast so oft versucht, es zu erklären
Doch bist daran gescheitert, dass sie sich vor der Dunkelheit wehren
Und du bist dir seit Jahren sicher, du wirst nicht alt

Hast aufgegeben, darüber zu sprechen
Weil es immer damit endet, dass dein Gegenüber verzweifelt weint
Und du ihn beruhigst mit „das hab' ich nicht so gemeint"
Nur um danach weiter zu zerbrechen

Also hältst du lieber dicht
Lächelst an den Stellen, an denen andere im Gespräch lachen
Bloß keine große Szene machen
Und schläfst, damit es nicht auffällt, in ihrer Gegenwart auch ohne Licht

Doch da ist immer noch diese Hand, die dich packt
Die Träume, die dich durch die Nacht jagen
Indem sie die Realität nachzuerzählen wagen
Bis dein Kreislauf zusammensackt

Du würdest so gerne einen Ausweg nehmen
Nur dafür müsstest du dich erstmal umsehen
Die Straßen der Erinnerungen bewusst abgehen
Ja und obwohl du es besser weißt, beginnst du dabei, dich zu schämen

Du schämst dich, weil du dich nicht gewehrt hast
Weil du jedes Mal still liegen geblieben bist
Ihm aus großen Augen dabei zusahst, wie er sich an dir vergisst
Während er dir vermittelte, diese Schande sei deine Last

Also nimmst du den Rucksack, obwohl dein Rücken zu zerbrechen droht
Doch du kämpfst dich noch ein paar Meter weiter den Berg hinauf
Tapfer machst du weiter mit deinem Lauf
Nur hört keiner deine Schreie, die getränkt sind von deiner inneren Not

Und während sie friedlich schlafen gehen
Kurz davor noch Gott dafür danken, dass sie in Sicherheit sind
Sich davon überzeugt auf die Schulter klopfen, sie seien ja Sein Kind
Ist es dir, als würdest du vor dem Feuer deiner Vergangenheit stehen

Das Feuer in dir scheint dich zu verbrennen
Zuerst deine Augen, dann deine Nase, deine Kehle
Außerdem deine Gedanken, deine Träume, deine Seele
Deswegen schaffst du es auch nicht, wie sie zu Gott zu rennen

Gleichzeitig drohst du, im Wasser zu ertrinken
Die Wellen scheinen deinen Lebensmut aufzuweichen
Für wie viele Atemzüge wird die Hoffnung noch reichen?
Rettet sie dich vielleicht doch oder verzögert sie nur dein Versinken?

Und deine Füße, mit denen du gerne zu Gott laufen würdest
Halten dich vor Schmerzen am Boden fest
Du schämst dich, weil es sich so leicht sagen lässt
Dass du dir mit dieser Starre alles selbst aufbürdest

Es heißt, wenn du es abbeten würdest, würde es leichter sein
Nur kannst du nicht darüber sprechen, weil die Worte dich zerfressen
Am liebsten würdest du die Geschehnisse einfach nur vergessen
Doch du wirst an sie erinnert wie ein Alkoholiker an den süßen Wein

Du weißt nicht mehr, wer du ohne seine Taten bist
Würdest du dann heute hier stehen
Oder würdest du ganz andere Wege gehen?
Gäbe es dann etwas anderes, was dich zerfrisst?

Selbst wenn:

Vielleicht wäre es dann kein Reißen, sondern eher ein Knabbern
Vielleicht könntest du nach außen hin wenigstens den Standard leben
Eventuell würdest du auch mal von Erfolg zu Erfolg schweben
Denn genau dort ist es zurzeit am Hapern

Dabei täte dir gerade jetzt ein „geschafft" gut
Weil du nur stumm zusehen kannst, wie du deine Fortschritte verlierst
Bis es soweit kommt, dass du dich fragst, wieso du trotz des Feuers frierst
Und warum du verdurstest mitten in der Flut

Denn schwankst zwischen Wärme und Kälte
Zwar ist das gegensätzlich, doch in beiden klafft dieser Riss
Du konntest nur zusehen, wie man dich dort hineinschmiss
Während er diesen Zustand für dich auswählte

Denn er war es, der sich jedes Mal neu dafür entschied, dich leiden zu lassen
Manchmal fragst du dich, ob er das im Vorhinein wusste
Dann wirst du von der Tatsache geschüttelt, dass er es trotz alldem tun musste
Denn er hat sicherlich zugesehen, wie deine Schutzmauern verblassten

Stück für Stück hat er das Feuer in dir entfacht
Tag für Tag hat er das Wasser in dich gekippt
Eigentlich wärst du vor Angst beim Zusehen ausgeflippt
Aber er hatte viel zu viel Macht

Geherrscht hat er über dich
Wie ein König über blanke Bauern
Deswegen konntest du seine Entscheidung, dich zu zerstören, nicht mal bedauern
Denn du wusstest, jedes Aufbäumen oder Reflektieren wäre vergeblich

Und so gabst du deine Grenzen ab
Du hast sie ihm zwar nicht unterwürfig hingelegt
Aber er hat jede Schutzmauer mit seinen Stößen in dich hinein weggefegt
Bis ihr beide zusaht, wie ein Teil von dir starb

Mag sein, dass es der Teil war, der das Leben genießt
Vielleicht auch der, der entspannen kann und vertraut
Oder der, der aus Träumen ganze Städte baut
Wahrscheinlich war es der, in dem alles Genannte zusammenfließt

Und eben weil dieser so unendlich weit entfernt ist
Hast du die Hände tief in den Hosentaschen vergraben
Damit niemand sieht, wie sie seit Stunden gezittert haben
Weil du weißt, dass ihr Verständnis dafür keine 5 Zentimeter misst

Also kommt es dazu, dass du mitten im Geschehen, aber doch allein stehst
Kaum wahrnimmst, wie sie um dich herum diskutieren
Über Speisepläne, Rocklängen, wie es ist, den Schlüssel zu verlieren,
Während du darüber nachdenkst, wie es wäre, wenn du für immer gehst

Sonnenaufgang

Die Sonne geht auf
Und scheint auf meine Wunden
Das Blut glitzert im Licht
Denn ich habe die Grenze nicht gefunden

Die Grenze zwischen
Triefender Trauer
Schallenden Schmerz
Tötendem Toben
Gestern war ich noch ganz oben

Doch es holt mich wieder zurück
Fängt mich mit den messerscharfen Armen
Würgt mich ohne Erbarmen

War hier doch schon vor Wochen
Bin zitternd auf dem Boden gekrochen
Zerknittert inmitten von all den Bildern
Die die schlimmsten Momente schildern

Da warst du
Mein Retter
Hab dich nicht gesehen
Weil du überall gewesen bist
Und ich dadurch in Sicherheit war

Sterbend hast du am Kreuz
Mich in meinen Leiden kämpfen gesehen
Hast gewusst, dass es mich packen
Zermacken
Erdrücken
Auseinanderpflücken
Aber nicht töten wird

Weil du dich hast töten lassen
Können die Schmerzen heute für mich erblassen
Du hast getragen, was er mir angetan
Hast gebüßt für seinen Wahn

Und es trifft mich trotzdem
Aber nicht ungebremst
Weil ich weiß, dass du es mit mir stemmst

Die Sonne geht auf
Und scheint auf meine Wunden
Das Blut glitzert im Licht
Denn ich habe die Grenze nicht gefunden

Aber dafür dich.
Und das ist mein Alles.

Speeding Cars

„so if I stand in front of a speeding car would you tell me who you are?"
(Walking on cars – Speeding Cars)

Was, wenn ich vor einem rasenden Auto stehe?
So oft habe ich das durchgespielt
Immer getrieben von dem Gedanken, dass ich dann endlich von dieser Welt gehe
Heimlich habe ich mehrmals am Tag schon auf die Autobahn geschielt

Was, wenn ich nur noch ein paar Sekunden bis zum Aufprall hätte?
Würde ich es dann bereuen, frei und entschlossen auf der Straße zu stehen
Mit gerader Körperhaltung, geschlossenen Augen und einer Hand an meiner Kette?
Würde ich dann einen Schritt zurück, oder doch nach vorne gehen?

Was, wenn das Auto nicht bremst, sondern weiter Gas gibt?
Wenn ich an der Stoßstange aufschlage und durch die Luft fliege
Wie lange habe ich dann noch, bevor mein Blutdruck kippt?
Dauert es dann lange, bis ich nur noch da liege?

Würdest du mir dann sagen, wer du wirklich bist?
Was dich ausmacht, deine Wünsche, Träume, Hoffnungen, Ziele
Zeigst du mir dann, was hinter deiner Fassade ist?
Oder sind es dann für dich immer noch nur spontane Spiele?

Sind es immer noch Wettkämpfe, in denen es darum geht, dich zu verstecken?
Denkst du wirklich, ich wäre zu dumm und zu naiv
Um deine Taten zu entdecken?
Was, wenn du der Grund bist, warum ich überhaupt auf die Straße lief?

Was, wenn ich vor einem rasenden Auto stehe?
Ich würde dir noch einmal ins Gesicht sehen wollen
Würdest du mich überreden, dass ich noch einen Schritt zurückgehe
Kurz bevor das Auto mich hätte treffen sollen?

Momente würden zu Stunden und Stunden zu Momenten werden
So wenig Zeit würde für so viele Worte bleiben
Würden deine Geständnisse mich noch erden
Oder nur noch mehr in die Verzweiflung treiben?

Schließlich ist das Geschehene schon passiert
Taten kann man nicht ausradieren
Und auch, wenn keiner von uns damit hausiert
Ertappe ich mich immer noch dabei, mich in den Folgen zu verlieren

Würde das rasende Auto den Schmerz aus mir herausrammen?
Würde ich eine Millisekunde nur das Auto spüren?
Würde man da sehen, dass die Narben auf meiner Haut indirekt von Dir stammen
Und dass deine Verbrechen mir bis heute die Kehle zuschnüren?

Wenn ich mich also heute auf die Straße vor ein rasendes Auto stelle
Würde es dich überhaupt berühren
Hättest du dann mal eine Hemmschwelle
Oder würdest du die gleichen Triebe wie damals verspüren?

Was, wenn ich vor einem rasenden Auto stehe?
Würdest du dann alles bereuen, was geschah
Wäre es dann ein Vater, den ich in dir sehe
Und wärst du mir dann plötzlich auf eine gesunde Weise nah?

—

Aber was,
Wenn du nicht am Straßenrand stehst
Sondern der bist, der das Gaspedal drückt?

—

Was, wenn ich vor deinem rasenden Auto stehe
Was, wenn ich zu viel Angst habe, als dass ich den Schritt zurückgehe?
Ich habe das so oft durchgelebt
Dass ich genau weiß, wie es ist, wenn man zwischen Tod und Leben schwebt

Eigentlich stehe ich jede Nacht vor deinem rasenden Wagen
Und das auch seit unzählbar vielen Tagen
Manchmal gucke ich zum Straßenrand, manchmal direkt in dein Gesicht
Doch meistens sehe ich dich durch meine Tränen nur ganz verwischt

Meine Knie zittern jedes Mal bei dem Gedanken
Dass das Auto sie gleich berührt
Während mein Unterleib sich zusammenzieht, weil er deine Hände
Jetzt schon spürt
Das Gefühl ist allerdings permanent
Denn du bist es, der jede Nacht hinter mir herrennt

Durch dich habe ich Monate in Kliniken verbracht
Teilweise wochenlang nicht einmal halbherzig gelacht
Deinetwegen habe ich mein Studium pausiert
Und erfahren, wie es ist, wenn man den halben Freundeskreis verliert

Das Auto, in dem du auf mich zufährst
Ist wie die Angst, in der zu leben du mir gerade so gewährst
Deine düsteren Drohungen, mir nicht mal diese zu lassen
Schaffen es immer wieder, meine Kehle zu umfassen

Was, wenn ich vor deinem rasenden Auto stehe
In der grünen Ampel meine letzten Lebenssekunden sehe?
Kann es sein, dass es der Blick in dein Gesicht ist
Durch den jemand wie ich den Schritt zurückzugehen vergisst?

Mittlerweile stehe ich nur noch stocksteif
Sind das Flashbacks oder ist das hier live?
Bist du gerade in dem Auto oder in mir
Warum sehe ich dich hinter dem Steuer, aber spüre dich hier?

So viel, was gerade gleichzeitig geschieht
Ob man mir das alles ansieht?
Oder sieht man nur ein Mädchen vor einem Auto auf der Straße stehen
Und fragt man sich, was es daran hindert, einen Schritt beiseite zu gehen?

Müsste ich erst heile werden, um mein Leben zu retten
Legen die offenen Wunden meine bleiernen Beine in Ketten?
Denn eigentlich will ich ja wirklich leben
Aber muss ich dafür eine Versöhnung mit dir anstreben?

Was, wenn du meine Heilung nicht unterstützt,
Sondern weiter auf das Gas trittst?
Was, wenn ich gar nicht entkommen kann?
Was dann?

Was, wenn ich vor deinem rasenden Auto stehe?
Was, wenn ich einfach keinen Vater in dir sehe?
Was, wenn ich dich auch nicht auf eine gesunde Weise nah haben will
Würdest du dann protestieren, oder wärst du einfach mal still?

–

Aber was
Wenn wir gar nicht die einzigen Beiden in diesem Bild sind
Und Gott der ist, der mich von der Straße zieht?

–

Was also, wenn Gott sieht, wie ich vor deinem rasenden Auto stehe?
Was, wenn Er sieht, wie oft mir das passiert
Und mit mir traurig ist, wenn die Sicherheit gegen die Erinnerung verliert
Was, wenn Er nicht will, dass ich jetzt schon von dieser Welt gehe?

Ich würde mir wünschen, dass Er mich für immer von dort rettet
Dass Er mich Geborgenheit und wahre Liebe erleben lässt
Dann auch in dem Maße, dass das der Anstrengungen niemals durchnässt
Hätte ich einen festeren Glauben, hätte ich längst auf Sein Eingreifen gewettet

Aber ich zweifle, weil ich immer wieder vor dem Auto stehe
Den Blick kann ich nicht nach oben heben
Denn ich besitze gar nicht mehr so viel Leben
Sobald ich erneut das Leuchten der Scheinwerfer sehe

Gott, wo bist du denn dann?
Wo sind Deine Arme, die mich bergen?
Um mich herum erzählen sie doch von Deinen großen Werken
Du bist doch der Einzige, der mich wirklich von der Straße holen kann

Das Auto nähert sich unberechenbar
Mit ihm kommen die Zweifel und Sorgen
Erlebe ich überhaupt noch ein Morgen?
Kann es sein, dass das jetzt alles war?

Was also, wenn Gott sieht, wie ich vor deinem rasenden Auto stehe?
Würde Er meine Gedanken in meinem Gesicht ablesen
Müsste Er mich dann nicht retten gemäß Seinem Wesen
Oder lässt Er zu, dass ich einen Schritt nach vorne gehe?

Wenn Gott das alles also mitbekommt und dokumentiert
Und wenn es wirklich stimmt, dass Er jeden Menschen liebt
Kann es dann auch sein, dass Er dir noch eine Chance gibt
Wer von uns beiden ist dann der, der verliert?

Die Zeit rennt uns beiden dahin
Und ich merke, wie sich meine Gedanken in letzter Sekunde drehen
Denn ich sehe Gott nicht oben, sondern an meiner Seite stehen
Sodass ich merke, dass ich, egal wie das hier ausgeht, nicht verloren bin

Sei es, dass du mich erfasst
Sei es, dass Er macht, dass dein Wagen an mir vorbeilenkt
Sei es, dass Er mich noch zur Seite zieht, wenn jeder schon an den Aufprall denkt
Sei es, dass Er macht, dass das letzte Bisschen Benzin in deinem Tank verblasst

Ich muss Sein Handeln nicht verstehen
Vielleicht trifft das Auto mich auch heute nicht
Sondern morgen oder in einem Jahr
Die Hauptsache ist, dass Er bis dahin jeden Tag bei mir war
Und dieses Versprechen wird nicht vergehen

Weil Gott also sieht, wenn ich vor deinem rasenden Auto stehe
Bleibt Er bei mir und ist mir nur so nahe, wie es für mich gerade gut ist
Er lässt nicht zu, dass das Auto mich ohne Seinen Willen frisst
Sondern versichert mir, dass ich Ihm nicht aus den Augen gehe

–

Also kann ich auf der Straße stehen
Und ich darf immer noch Angst haben und zweifeln
Doch ich darf wissen, dass wir zumindest zu dritt sind

–

Steine

Habe sie früher gesammelt
An jedem Ort zu jeder Zeit
Sie stolz herumgezeigt

So genau konnte ich es nie erklären
Diese Liebe dazu in mir
Ganz unvergleichlich

Heute bin ich im Wald gewesen
Meine Gedankentürme waren höher als die Bäume
Und meine Wut kälter als die Winterluft

Da habe ich alle Steine geworfen
In nichts, gegen die Sträucher
Am liebsten auf dich

Nur bist du weit weg in deiner Sicherheit
Doch damals warst du da
Hast mir meine Sicherheit genommen

Beim Steinewerfen ist mir aufgefallen
Dass ich wie einer dieser Steine bin
Geliebt und dann benutzt

Ohne etwas getan zu haben

Da wollte ich sie aufsammeln
In den Händen halten
Den Schmutz abwischen

Ich dachte, ich könnte es ungeschehen machen
Sie einfach wieder lieben
Bis mir eingefallen ist, dass ich sie nicht mehr finden kann

Denn die Folgen lassen sich nicht leugnen

Sag
War ich dein Stein?
Hast du mich geworfen, weil es so in dir tobte?

Subjektivität

Die Stille zwischen uns schreit, bis ich Ohrenschmerzen habe
Ich habe dir gerade gesagt, welche Last ich im Stillen mit mir trage
Seit einer Minute schaust du mich einfach nur an
Wahrscheinlich fragst du dich, wie man nur so tief sinken kann

Doch du hast das Blei seiner Taten nie in deinem Herzen gefühlt
Er hat nie mit seinen Händen in dir gewühlt
Stattdessen siehst du dir an, wie ich panisch wassertrete
Und du verurteilst, dass ich jetzt seit Tagen nicht mehr bete

Ich wollte es dir eigentlich schreiben
Habe nach den Worten gesucht, die für dich hängenbleiben
Hängen, das ist das, was ich gerne würde
Denn zurzeit sticht mich jede Sekunde diese Bürde

Ich habe stundenlang Steine in Flüsse geschmissen
Ohne zu wissen
Wie lange diese Phase hier noch geht
Und was am Ende unter dem Strich meines Lebens steht

Steht da, dass ich alles gab?
Oder doch nur, wie ich jede Nacht fast vor Angst starb?
Dann sage ich noch: Weißt du, ich habe es wirklich versucht
Aber leider bin ich nicht so gut betucht

An sein Stöhnen
Als mein Schlaflied kann ich mich nicht gewöhnen
Darum bitte ich dich um Hilfe, indem ich dir die Karten auf den Tisch lege
Während ich auf deine Reaktion warte, habe ich Steine im Bauch
Fühlst du diese Schwere auch?

Da holst du tief Luft und sagst, du wolltest mich was fragen
Nämlich was ich mache, am Ende von so harten Tagen
Ob ich abends noch Gott alles anvertraue
Ja und dadurch mit meinem Glauben Brücken für Andere baue

Gott hätte das Böse, das geschehen ist, nicht gemacht
Er hätte sich die Welt ganz anders ausgedacht
Menschen als Anbeter wären nach Seinem Sinn
Gläubige, von denen ich nun einmal auch einer bin

Mein Auftrag sei jetzt, mein Vertrauen ganz auszuleben
Trotz der Risse in meiner Seele soll ich mit allem, was ich bin, nach Gott streben
Er würde mich erhören zu Seiner Zeit
Gott sei der, der mich von allem befreit

Was sei das auch für eine Aussage: „Mir ist was Schlimmes geschehen"?
Sowas kann man doch nur subjektiv ansehen
Eigentlich würde ich ja auch körperliche Nähe genießen
Darum solle ich es lassen, solche Fragwürdigkeiten aufzuschließen

Schließlich sei er doch so nett und ehrlich
Seine Predigten sonntags seien einfach herrlich
So Sachen sind Sünden, aber wir alle fallen ja auch oft
Du hättest dir von mir mehr Reife erhofft

Da sitze ich, von der Leere in mir drinnen ganz erschlafft
Sie ist es, die noch mehr nach deinen vollen Sätzen klafft
Hätte ich doch nur geschwiegen
Dann würden die Zweifel nur in mir fliegen

Doch jetzt krallen sie sich in mein Herz
Es staut sich an zu einem unsagbaren Schmerz
Was wenn du recht hast?
Wenn die von mir empfundene Grausamkeit in der Objektivität Gottes verblasst?

Vielleicht habe ich mir selbst schlecht in die Karten gespielt
Indem ich mich an meinen eigenen Eindrücken festhielt
Vermutlich trifft dich keine Schuld
Und ich hatte einfach zu wenig Geduld

Ich hätte ihm Zeit geben müssen, sich zu bessern
Stattdessen griff ich in Gedanken immer wieder nach den Messern
Aus Hoffnung, ihn von mir losschneiden zu können
Warum konnte ich ihm das nicht einfach mal gönnen?

Die Sache mit Gott kommt dann noch obendrauf
Er will mich und ich gebe Ihn fast auf
Ich nehme das Leben, dass Er mir gab, nicht gerne an
Wie ich mich nur so sehr aufbäumen kann?!

Da wird doch klar, dass mein Kampf hoffnungslos ist
Eben, weil er keinen Mehrwert misst
Er ist nur ein Auflehnen gegen den göttlichen Willen
Vor lauter Rebellion kann man mein Herz wohl niemals stillen

–

Erst Jahre später wurde ich bestärkt
Darin, dass man wirklich merkt
Wenn einem etwas Falsches geschieht
Völlig gleich, ob man das jetzt subjektiv oder objektiv sieht

Außerdem ist es durchaus berechtigt, Zweifel zu haben
Eben weil solche Übergriffe sich tief ins Herz hineingraben
Die Furchen kann man nicht mit ein paar Gebeten schlichten
Traumata muss man einfach ganz anders gewichten

Und nur, weil jemand nett ist, heißt das nicht, dass er sich an keinem vergreift
Selbst die schönste Katze hat schon gekeift
Das, was einem geschieht, hat Wahrheitsgehalt
Solche Täter haben nun mal mehr als eine Gestalt

Wenn du das so erfahren hast
Ist das eine ernstzunehmende Last
Der, der dir das angetan hat, ist der, der schuld ist
Auch wenn es oft so aussieht, dass das Problem du bist

Der Kampf ist alles andere als leicht, er ist bitter und schwer
Ehrlich gesagt hindern ebensolche Personen die Heilung sehr
Denn eine Weile nicht mit Gott reden zu können, heißt nicht, dass du Ihn vergisst
Es gibt so viel mehr als das, was da offensichtlich ist

Ja und es ist normal, dass es schwer fällt, mit dem Trauma zu leben
Denn schließlich sind das Übergriffe, die keinen Sinn ergeben
Auch nicht in einer Welt, in der Gott an erster Stelle steht
Schon gar nicht, wenn der Täter unversehrt durchs Leben geht

Da ist es erlaubt, zu hadern, zu zweifeln, zu fragen
Gott nimmt dich auch an den dunkelsten Tagen
Doch manchmal kann man das eben nicht annehmen
Dafür musst du dich auch nicht schämen

Denn solange du mit dieser Perspektive lernen willst
Ist es okay, dass du die Schmerzen mit was anderem als beten stillst
Leute, die das kritisieren, haben oft viel weniger zu tragen
Also lass dir von denen einfach mal nichts sagen

Tapferkeitsblumen

Der Fluss tritt über die Ufer wie jedes Jahr zu dieser Zeit
Und die Tränen laufen über meine Wangen
Das ganze Jahr habe ich sie tapfer geschluckt
Mich unter den Schlägen meiner Schmerzen immer weniger weggeduckt
Aber heute sind die Tapferkeitsblumen eingegangen
Kleinmütig gestehe ich mir ein: Ich bin immer noch nicht so weit

Wann werde ich das endlich überstanden haben?
Frage ich, während ich die Blumen samt ihren Töpfen in dem Fluss versenke
Am liebsten würde ich mir sofort neue Samen kaufen
Ich würde voller Überlebensmut in das nächstbeste Geschäft laufen
Nur damit ich nicht mehr weiter nachdenke
Aber als ich losgehen will, fühle ich, dass meine Beine mit den Blumen starben

Also kann ich nur abwarten und hoffen
Dass ich eines Tages wieder Blumen haben werde
Nur heute scheint schon der Gedanke daran so ungewiss
Dass ich mich nicht wundere, warum ich die Blumen wegschmiss
Gerade jetzt vermisse ich ihre warme Erde
Und irgendwie bin ich immer noch nicht für Neuanfänge offen

Wie viel Zeit habe ich in die alten Blumen gesteckt?
Wochen und Monate habe ich alles, was mich aufgeben lassen wollte, ignoriert
Ich tat so, als hätte ich keine bösen Träume, die einst Wahrheit waren
Stattdessen tat ich so, als sähe ich den Himmel aufklaren
Deshalb habe ich Tabletten, Skills und Übungen ausprobiert
Doch letztendlich sind diese Fortschritte mit meinen Pflanzen verreckt

Jetzt brechen die Schmerzen wie Wellen in mich rein
Reißen die Wurzeln der Tapferkeitsblumen in einem Nu mit sich
Sie füllen die jetzt leeren Ecken mit Angst, Verzweiflung und Wut
Die Wasserströme steigen und ertränken das letzte Bisschen Mut
Alles Schwimmen wäre vergeblich
Denn mittlerweile bin ich wieder verletzlich und klein

Ich habe doch überhaupt nie schwimmen gelernt
Der Kampf ums Überleben an sich war schon hart
Schließlich ist mein Herzensboden für alles andere als für Pflanzen gemacht
Denn ich weiß nicht, wie man vertraut, träumt oder gar aus vollem Herzen lacht
Ich wünschte, ich hätte diese Eigenschaften irgendwo aufbewahrt
Doch sie sind für mich so weit entfernt

Könnte ich mich jemandem anvertrauen
Würde die Person mir dann zeigen, wo sie sind?
Könnte ich dann lernen, wie man aus ihnen Wände gegen den Fluss auftürmt?
Vielleicht sogar Planen darüberlegen, falls es mal wieder stürmt?
Gäbe es auch eine Decke gegen den eisigen Wind?
Wenn ja, dann würde ich auch neue Tapferkeitsblumen anbauen

Aber ist Tapferkeit wirklich alles, was es zu erstreben gilt?
Ist das Zurückhalten der Tränen die wahre Stärke?
Wenn es heißt, dass die Zähne zusammengebissen werden müssen
Werde ich dann nicht mit Kieferschmerzen büßen?
Was sind denn wahre bewundernswerte Werke
Und woraus baue ich mir mein Schutzschild?

Es ist leicht gesagt
Dass die schönsten Blumen aus Authentizität bestehen
So schnell entgegnet man, dass es ehrlich ist, Angst, Zweifel und Trauer zu Zeigen
Dass diese Vielschichtigkeit so süß sei wie orientalische Feigen
Aber trotzdem würde ihnen die Sprache vergehen
Hätte ich es nur einmal anzusprechen gewagt

Hätte ich mich nur einmal getraut
Die Bestandteile meines Flusses zu offenbaren
Zu zeigen, woraus sein Wasser, Kieselsteine und Schlamm besteht
Wenn ich erklärt hätte, warum er immer wieder über die Ufer geht
Könnten sie dann die Fassung bewahren?
Ich denke, sie hätten nur verlegen dreingeschaut

Dann sind die Reden von der Akzeptanz meiner Schwäche umsonst gewesen
Denn die wird nur geduldet, solange sie sich in das Raster fügt
Das Raster, dass aus ihren Grenzen und ihrer heilen Welt besteht
Es mag doch keiner, wenn man über die Ränder der Komfortzone geht
Jeder weiß zwar tief in sich drinnen, dass der Schein trügt
Und aus diesem Grund müssen meine Blumen verwesen

Eines Tages werde ich wieder neue Samen kaufen
Dann werde ich sie in die neue Erde legen
Schließlich brauche ich doch Blumen, um zur Gesellschaft zu hören
Denn die Leute würden meine leeren Fensterbänke stören
Also beginne ich, die Blumen wieder zu pflegen
Bis die Ränder des Flusses eines Tages wieder überlaufen

– Wie komme ich aus diesem Kreislauf raus?

Tell 'em all I Said Hi

"Tell 'em all I said hi, hope you've been well
You've been asleep while I've been in hell"
(Amy Shark – I Said Hi)

Ich habe wieder eine ganze Nacht
Gefangen in den Flashbacks verbracht
Wie viele durchgeweinte Kissen
Brauche ich noch, bis sie wissen
Dass es um mich nicht gutsteht
Und es eben nicht einfach vorbei geht

Während die anderen schlafen, ergreift es mich
Alles Wehren ist vergeblich
Bis zum Morgen hat es mich längst mit seinen kratzigen Krallen gepackt
Mit denen es mein Herz immer weiter vermackt
Für sie sieht es so aus, als würde ich nicht alles geben
Dabei kämpfe ich ums blanke Überleben

Alle Hilfsmittel, die ich bis jetzt fand
Retteten mich nur kurze Zeit vor dem Treibsand
Doch sie bekämpften nicht wirklich das, was mich runterzieht
Also presse ich die Zähne aufeinander, damit es keiner sieht
Ich werde still
Weil ich über die Ausmaße auch nicht reden will

Deshalb schließe ich die Augen
Damit niemand sieht, wie die Erinnerungen ihr Licht aussaugen
Und den Mund öffne ich auch nicht mehr
Denn mehr als ein Stottern geben meine Worte auch nicht her
Also hülle ich mich in Dunkelheit und Stille
War vielleicht genau das sein Wille?

Und dann stehe ich neben dir
Zähle innerlich bis vier
Bis ich zu dir flüstere „ich werde nicht alt"
Meine Hände sind eiskalt
Dagegen ist mein Gesicht von den Tränen warm
Nimmst du mich noch einmal in den Arm?

Doch manchmal tut es noch mehr weh
Wenn du deine Arme um mich legst
Denn je nachdem, wie du dich bewegst
Erinnert es mich an das, was war
Dann schreit alles in mir „Gefahr"
Dabei sollte mir das doch Ruhe geben
Stattdessen fährt meine Welt fort, zu beben

Die Dunkelheit, in der ich hocke
Kannst du nicht sehen, weil ich dich abblocke
Die Hände, die du mir reichst, um meine zu halten
Lasse ich ebenso wie mein Herz erkalten
Du stehst neben mir, doch es zermürbt mich von fern
Dabei habe ich dich doch eigentlich gern

Aber so, wie sich der Rauch in die Haare setzt
Hat er sich in meinem Kopf vernetzt
Er hat alle Neuronen beeinflusst
Und mir Dinge eingeflößt, von denen du dich beim Anhören übergeben musst
Deswegen höre ich auf, zu sprechen
Denn so muss nur einer von uns beiden daran zerbrechen

Natürlich kann ich so tun, als wären es aushaltbare Qualen
Auch kann ich die Scherben bemalen
Am Ende schneiden sie mich doch
Während du nachts schläfst, falle ich wieder und wieder in das Loch
Denn ich kämpfe gegen seine Schatten
Allein, dass sie einst Realität waren, lässt mich ermatten

Sein Vermächtnis ist das Gift, das ich trinke
Das Schiff, mit dem ich versinke
Das Drahtseil, auf dem ich balanciere
Die Fassung, die ich verliere
Er ist in mir, wie die Luft, die durch meine Lungen fließt
So wird er zum Speer, der mich Nacht um Nacht aufspießt

Der Tag, an dem ich meinen Schatten fange
Wird der Tag sein, an dem ich die Heilung erlange
Denn die Risse hat er so tief in mich gegraben
Dass sich dort ganze Schmerzkanäle gebildet haben
Auf denen Schiffe schwimmen, die die Erinnerungen transportieren
In denen sich meine Bezüge zum Hier und Jetzt verlieren

So kommt es, dass ich vor dir stehe
Dir nur noch mit Überwindung in die Augen sehe
Denn ich will dir die Wahrheit sagen
Aber dann müssten wir dieses Gespräch vertagen
In eine Zeit, in der ich das in Worte fassen kann
Aber wann fängt die denn endlich an?

Tiefere Pfade

Um mich herum ist es ruhig geworden
Stiller als tot
Alles schmeckt irgendwie verdorben
Gewürzt mit der unterschwelligen Gefahr, die mir droht

Du denkst, es gehe besser
Weil ich nun ohne Zittern einschlafen kann
Doch ich erzähle dir nichts von dem Messer
Und erst recht nicht von meinem Blut daran

Vielleicht will ich auch gar nicht, dass du die Wahrheit kennst
Sondern, dass du glaubst, dass ich auf dem Weg der Besserung bin
Denn ich weiß nur zu gut, dass du dich sonst in fahle Formulierungen verrennst
Oder in dem übergeordnetem, alleserklärenden göttlichen Sinn

Außerdem lüge ich nicht, wenn ich sage, das Bauchweh sei verschwunden
Denn das ist es in der Tat
Ich habe diese Phase überwunden
Befinde mich jetzt auf einem tieferen Pfad

Ich weiß mittlerweile vor Schmerzen nicht mehr
Wo mein Bauch überhaupt ist
Sein Bild rennt im Traum hinter mir her
Während der Nachklang seiner Berührungen mich von innen auffrisst

Irgendwo dazwischen wurde ich also still
Weil nichts mehr richtig helfen will
Die Bücher, Gedichte, Lieder
Spiegeln die Tiefe nur verschwommen wider

Deshalb lächele ich dich tapfer an
Flehe dabei stumm, dass du siehst, was ich nicht mehr sagen kann
Denn du kennst mich doch verhältnismäßig gut
Vielleicht hast *du ja noch* ein bisschen Mut

Bitte kämpfe mit mir in diesem Krieg
Obwohl ich die Schlachten zu verlieren pflege
Doch vielleicht ist es auch schon ein kleiner Sieg
Wenn ich meinen Kopf zum Einschlafen an deine Schulter lege

Verbände

Sei nicht gemein
Indem du erwartest
Dass sie dir das wiedergeben
Was er dir genommen hat

Denn sie wissen genauso wenig wie du
Wo es jetzt ist

Lass dir stattdessen erzählen
Wie die Welt für dich jetzt aussehen könnte
Akzeptiere, dass sie dir nichts ersetzen
Aber ganz viel Anderes zeigen wollen

Denn sie wissen viel besser als du
Was es da noch gibt

Denn bei Herzensbrüchen
Gibt es kein neues Herz
Aber Verbände
Die dir zeigen, wie man damit weiterleben kann

Vertrauen erlernen

Deine Hand liegt auf meinem Arm
Ich weiß gar nicht so genau, wie es dazu kam
Dass ich es nicht nur aushalte, sondern gerne mag
Mit dir mache ich die Nacht zum Tag

Zerrissen
Irgendwo zwischen sich freuen und dem schlechten Gewissen
Das immer kommt, wenn es mir gut geht
Obwohl in deinem Blick klar und deutlich steht:

Dass es mehr als okay ist, sich einfach mal fallen zu lassen
Die Augen zuzumachen, ohne Angst zu haben, eine mögliche Gefahr zu verpassen
Ganz langsam kann ich das Vertrauen neu erlernen
Und ich spüre, wie sich mein Herz und meine Seele langsam aufwärmen

Von Bergen und Sonnenaufgängen im Regen

-Oder: für die, die bleibt-

Im Grunde weiß ich kaum was
Aber ich weiß
Dass das Meer salzig ist
Dass die Sonne im Osten aufgeht
Und dass wir
Den Berg hochsteigen

Es gibt Tage
Da ist der Weg eben
Und wir haben eins der schönsten Leben
Wir machen das Beste aus jeder Lage

Du sitzt neben mir
Ich will nirgendwo anders hin – ich bin jetzt hier
Wir lachen, als hätten wir nie geweint
Alles ist egal, Hauptsache wir sind vereint
Frühstücken im Garten
Und können unsere Autofahrten kaum erwarten

Mag es, wie dir die Pfannkuchen immer verbrennen
Mag es, mit dir hinter den Schafen her zu rennen
Liebe es, in großen Gruppen neben dir zu sitzen
Liebe es, da vor unterdrücktem Lachen fast schon zu schwitzen
Finde es cool, wie du Tischtennis liebst
Finde es cool, dass du auf einer Skala von 1 bis 10 immer 25 gibst

Und dann geht der Aufstieg schnell
Die Luft riecht einfach gut
Aus Angst wird Mut
Und die Sonne scheint so hell

Im Grunde weiß ich kaum was
Aber ich weiß
Dass das Meer salzig ist
Dass die Sonne im Osten aufgeht
Und dass wir
Den Berg hochsteigen

Es gibt Zeiten
Da sind wir mittendrin
Wir beide wissen nicht, wohin
Denn der Weg ist voller Unebenheiten

Du sitzt neben mir
Wir tun so, als lieben wir das jetzt und hier
Switchen in Rekordgeschwindigkeit
Man kennt uns nur als untrennbare Einheit
Wir bauen uns unsere eigene Welt
Verschwinden eine Weile vom Feld

Träumen von den Blumen auf dem Weg
Träumen von einem See mit Holzsteg
Ignorieren das Loch in unseren Herzen
Ignorieren unsere Schmerzen
Stellen uns vor, wir seien richtig ganz
Stellen uns vor, das Leben sei ein Tanz
Und dann ist der Aufstieg nicht zu hart
Auch, falls wir stolpern und Eine fällt
Wissen wir, dass die Andere sie festhält
Wir bleiben so stark wie am Start

Im Grunde weiß ich kaum was
Aber ich weiß
Dass das Meer salzig ist
Dass die Sonne im Osten aufgeht
Und dass wir
Den Berg hochsteigen

Oh Freundin
ich weiß nicht
Wie
Warum
Woher
Der Weg geht
Ich weiß nicht
Warum wir
Wie oft
Wie lange
Wir ihn laufen

Und ich wünschte
Ich würde mit dir nur auf grünen Wiesen spazieren gehen
Eigentlich darfst du die Berge und Löcher nicht sehen
Aber du kannst sie verstehen
Und um ehrlich zu sein
Tut es gut, nicht allein zu gehen
Denn ich weiß
Dass du nie weit weg bist
Und dass du eigentlich

—

Es gibt Phasen
Da tun mir die Beine weh
Und während ich weinend am Wegrand steh
Spüre ich mein Herz vor Schmerzen rasen

Du sitzt neben mir
Aber ich will raus aus dem jetzt und hier
Will dich mitnehmen
Lass uns ganz weit weg gehen
Dahin, wo die Sonne scheint
Wo man nicht ganz so viel weint

Hasse es, dass es nachts so dunkel ist
Hasse es, dass keiner die weiße Fahne hisst
Vergesse, dass es Sonnentage mit dir gab
Vergesse, dass ich gestern noch mit dir gesungen hab'
Trauere, weil der Regen heute ununterbrochen fällt
Trauere, weil ich nicht weiß, wie lange das Gewitter noch anhält

Und der Aufstieg ist unerträglich
Ich suche deine Hand
Knalle gegen die Bergwand
Die Schmerzen sind unsäglich

Im Grunde weiß ich kaum was
Aber ich weiß
Dass das Meer salzig ist
Dass die Sonne im Osten aufgeht
Und dass wir
Den Berg hochsteigen

Und da bist du
Du blutest ein bisschen von den Steinen auf dem Weg
Du hasst das und trotzdem
Sagst du nichts
Weil du mich siehst
Und mich hochziehst
Wenn ich in deine Augen sehe
Dann ist es so
Als sehe ich den Schmerz
Den ich nicht ausdrücken kann

Wenn du weinst
Weil ich es nicht fassen kann
Wenn du mich in den Arm nimmst
Weil ich mich nicht festhalten kann
Dann kann ich dir nicht sagen
Wie dankbar ich dir bin

Gestern lag ich im Dreck
Wurde unruhig wie ein gefangenes Tier
Steckte fest im jetzt und hier
Wollte nur noch weg

Nicht weg von dir
Aber weg von mir
Nur da stehst du am nächsten dran
Und weil ich das nicht trennen kann
Hast du meine Steine abbekommen
Dann hast du deine Sachen genommen

Sagtest, du machst eine Pause
Sagtest, du möchtest nach Hause
Wolltest weg von hier
Wolltest ein bisschen weg von mir
Ekelst dich vor dem Dreck
Ekelst dich vor diesem blauen Fleck
Jetzt macht mir der Aufstieg
Riesige Angst
Weil jetzt sogar du bangst
Und du hast immer versprochen es wird ein Sieg

✿

Wenn du fühlen könntest, wie kalt der Boden ohne dich ist

✿

Im Grunde weiß ich kaum was
Aber ich weiß
Dass das Meer salzig ist
Dass die Sonne im Osten aufgeht
Nur nicht mehr
Ob wir den Berg hochsteigen

Wage es kaum, nach links zu schauen
Befürchte, du könntest dich nicht mehr trauen
Neben mir zu laufen
Denn statt geraden Linien gehen wir im Moment Schlaufen
Aber ich muss es wissen
Will mir gar nicht ausmalen, wie es ist, dich hier zu missen
Höre jetzt auf, mich mit der Ungewissheit zu quälen
Werde von 5 runter zählen

5... was, wenn du weg bist?
4... was, wenn du alles vergisst?
3... was, wenn du es jedem erzählst?
2... was, wenn du meine Hand nie mehr hältst?
1...was, wenn du weg bist?

Okay, jetzt oder nie

Ich blinzele unsicher ins Licht
Zuerst sehe ich dich nicht
Suche nach Halt
Diesmal hat es wohl zu doll geknallt
Würde am liebsten zum Anfang zurükrenn'
Doch dann atme ich langsam auf, denn

Du sitzt immer noch neben mir
Entscheidest dich für das jetzt und hier
Bleibst, auch wenn ich dich manchmal arg verletze
Obwohl du weißt, dass die Sonnenplätze
Im Moment nicht bei mir sind
Aber weißt du, was ich am tollsten find'?

Dass du den Berg mit besteigst, obwohl du Höhenangst hast
Dass du die gute Zeit hervorhebst, wenn sie verblasst
Dass du meine Hand nimmst, wenn mein Herz schmerzt
Dass du nicht protestierst, wenn meine Laune deine schwärzt
Dass du vertraust, weil du weißt, dass Sonne auch im Regen aufgeht
Dass du bleibst, wenn der Wind dir die Haare verweht

Und jetzt weiß ich:
Ich kann mit dir mehr als nur auf Wiesen spazieren gehen
Weil du es aushältst, die Berge und Löcher zu sehen
Denn du zählst zu denen, die sie verstehen
Und um ehrlich zu sein
Tut es gut, nicht allein zu gehen
Denn ich weiß
Dass du nie weit weg
Und eigentlich
Viel stärker als ich bist

Meine Freundin
Das Ding ist, dass wir tatsächlich zu dritt sind
Dass wir vielleicht gut sind
Aber Gott am besten ist
Dass er mit uns die Berge hoch
Und in die Löcher runter
Geht
Dass er uns hält
Wenn der Berg zu hoch
Und das Loch zu tief
Ist

Oh Freundin
Unser Gott weiß
Wie
Warum
Woher
Der Weg geht
Unser Gott weiß
Warum wir
Wie oft
Wie lange
Wir ihn laufen

Im Grunde weiß ich kaum was
Aber ich weiß
Dass das Meer salzig ist
Dass die Sonne im Osten aufgeht
Und dass wir
Den Berg mit Gott hochsteigen

–

Und weißt, du was ich noch weiß?
Dass es da oben wunderschön ist
Weil wir da oben näher bei ihm sind

Also lass uns weiterlaufen.

Was Mut gibt, weiterzumachen

Vielleicht ist es das Radio, bei dem man vor Rauschen nichts versteht
Oder der Tisch, der etwas schief geht
Vielleicht ist es die Lampe, die nur noch flackert
Oder der Reim, der hapert

Lass es nur für heute sein
Das Morgen holt seine eigene Stärke ein
Gib nicht auf, auch wenn es viel einfacher scheint
Denn eines Tages hast du alle Tränen geweint

Wenn Schwarz zu hell ist

Sie sagen, dass es besser
Wird
Sitzen auf ihren Sonnenliegen
Ihren Cocktail in der Hand
Und versuchen nur für den guten Ton
Sich in dich hineinzuversetzen

Währenddessen ziehst du dir die dritte Jacke
An
Weil du vor Angst frierst
Du spuckst das Wasser, das sie dir zu trinken gaben
Wieder aus
Weil es dir die Kehle verätzt

Du liegst im Bett
Weißt nicht, ob es deins
Oder seins
Was hier Realität
Und was Vergangenheit
Ist

Vielleicht sitzen sie neben dir
Vielleicht auch ewig weit weg
Du merkst es nicht
Denn es trägt dich
An Orte
Deren Existenz
Ihnen gar nicht bewusst ist

Nur du kennst dich da aus
Aber du verläufst dich jedes Mal
Nur du kennst den Weg dort hinaus
Aber du findest ihn jedes Mal
Nicht

Dort ist es
So kalt
Dass Erfrieren zu warm ist
So dunkel
Dass Schwarz zu hell ist
So traurig
Dass Tränen zu glücklich sind

Sag, wie soll ich dir das beschreiben
Wie
Ich versuche es verzweifelt
Aber es gelingt mir
Nie

Hast von den kleinen weißen Tabletten
Schon 7 genommen
Aber die Angst, einzuschlafen
Ist größer
Als die Kraft der Chemie
Die dein Herz jetzt durch deine
Spröden Venen pumpt

Wie oft hast du dir schon heimlich gewünscht
Dass es aufhört, zu schlagen
Dass deine Venen reißen
Aber du hast es niemandem gesagt
Weil du genau weißt
Sie würden dich für verrückt erklären
Bis du es selbst glaubst

Denn du
Ertrinkst, bevor du
Das Wasser berührst
Gibst den Stab wieder ab, bevor du
Ihn bekommst
Fällst hin, bevor du
Losgelaufen bist

Dabei warst du eigentlich
Ein Schwimmer
Mutig, schnell, entschlossen
Bevor er dich unter Wasser zog

Ja, er
Berührte dich
Als das Wasser in deine Lungen drang
Stillte seine Lust an dir
Als deine Arme langsam schlapp wurden
Drang in dich ein
Als du nicht mal mehr strampeln konntest
Und ging
Als du zu Boden sankst

Mag sein
Dass es jetzt jähe Jahre her ist
Aber wenn schwarz zu hell ist
Dann liegst du da immer noch
Die kalten Fliesen unter dir
Willst schreien
Treten
Beißen
Kämpfen

Aber du bist zu spät
Denn er ist weg und
Du unter Wasser
Und das schluckt
Die Schreie
Während du dich verschluckst

Doch als du begriffen hast
Was geschehen war
Hast du bemerkt
Dass dieser Ort
Nicht in diese Welt passt

Dass es jetzt dein
Gefängnis ist
Und die Schlüssel
Die sie dir in die Hand drücken
Passen nicht
Aber wenn du das zugibst
Dann sagen sie
Dass du zu wenig glaubst

Also rüttelst du weiter
An den Türen
Schaust vom Boden
An die Wasseroberfläche
Siehst wie das Sonnenlicht
Sich darin bricht
Was dich daran denken lässt
Wie zerbrochen du bist

So gebrochen
Dass du lieber ganze Knochen zählst
Wobei du bemerkst
Dass eine Hand dafür ausreicht

Aber man sieht deine
Knochenbrüche
Auf keinem
Röntgenbild
Was der Grund dafür ist
Dass sie denken
Du stellst dich nur an

Sie meinen
Du willst gar nicht an die
Oberfläche
Doch kennen sie nicht deinen Ozean
Nur kleine Bäche

Manchmal kämpfst du dich hoch
Doch dann kommt er
Zieht dich noch tiefer
Bis deine Füße schon im Schlamm
Versinken

Seine Stimme so
Süß
Seine Berührungen so
Sanft
Vergiften dich
Denn sie nehmen dir die Lust
Aufzutauchen

Am Ufer sitzen sie
Auf ihren Sonnenliegen
Die Cocktails in ihren Händen
Sie meinen, sie sehen dich
Aber eigentlich erkennen sie nur
Deine Konturen

Und das ist das Problem am
„ich verstehe dich, aber"
Denn sie sprechen das aber aus
Ohne das weil zu kennen

Sie geben dir einen schwarzen Buntstift
In deine schlaffe Hand
Und wundern sich
Dass du nicht losmalst
Denn sie haben keine Ahnung
Wie geblendet du bist

Weil Schwarz zu hell ist

Wenn Traumata reden könnten

Hallo Trauma, nett, dass du dich zu mir setzt
Wir waren ja beide in letzter Zeit eher gehetzt
Ich mit verdrängen, du mit vordringen
Wir können beide traurige Lieder davon singen
Ich weiß, ich habe lange deine Stimme ignoriert
Dafür habe ich ganz andere Sachen probiert
Ich dachte ehrlich gesagt, ich könnte dich vergessen
Dafür habe ich dann aufgehört zu essen
Denn damit du verschwindest, musste ich auch mich verlieren
Und statt den klaren Farben sah ich alles nur noch mit Schlieren
Ich habe gegen dich gekämpft und mit dir gestritten
Wir haben beide wohl drunter gelitten

Ja, gelitten habe ich auch in dieser Zeit
Ich weiß, mit meinem plötzlichen Aufkommen ging ich sehr weit
Doch ich war so lange in dir drinnen vergraben
Dass deine Gefühle immer mehr abstarben
Ich wollte dich früh ans Aufarbeiten bringen
Aber ich weiß: Trotz allem ist es immer wieder ein Kämpfen und Ringen
Jetzt, da du mit mir sprichst
Zeigst du, dass du das Eis zwischen uns beiden brichst
Dass du bereit bist, in mein Wasser einzutauchen
Wer weiß – vielleicht kannst du die Zeit später zu irgendwas gebrauchen
Denn am Ende müssen wir wohl miteinander leben
Vielleicht kann das Ganze dann auch einen Sinn ergeben

Wenn ich die Zeit nicht mit dir teilen würde, dann mit anderen Dingen
Kann ja sein, dass meine Beine sich eher in deinen Seilen verfingen
Als dass ich mich bewusst mit dir auseinandergesetzt hätte
Mir ist es mehr, als liefe ich mit dir um die Wette
Als wäre es ein Rennen, das nicht enden kann
Bei dem ich mich aber auch nicht erinnere, wann es begann
Ich glaube, ich besitze dich länger, als ich zu vermuten wage
Du bist wohl mehr Teil meiner Geschichte, als ich es zurzeit ertrage
Sag mal, hat es eine Zeit ohne dich gegeben?
Hatte ich auch mal ein ausgeglichenes Leben?
Habe ich auch mal Hoffnung verspürt?
Oder hast du schon immer irgendwie mitgerührt?

Bringt es dir etwas, wenn ich dir das jetzt sage?
Oder führt das nur zu einer weiteren Anklage?
Letztendlich gibt es mich schon lange, länger als es vielleicht scheint
Er hat es einfach nicht gut mit dir gemeint
Ich wurde in dein Leben geschmissen
Und habe bei dem Sturz in dich deine Erinnerung mitgerissen
Deshalb konntest du eine Weile nicht wissen, dass ich in dir lebe
Und glaub mir, es ist nicht so, als ob ich mit deiner Zerrissenheit angebe
Ich hätte es mir auch anders für dich gewünscht
Am liebsten hätte ich ihn so manches Mal gelyncht
Dafür, dass er uns mit immer mehr Knoten aneinanderband
Ich weiß, dass es auch Leute gegeben hätte, um die Flechten zu entwirren
Aber die hatten auch zu viel Angst, sich in unserem Labyrinth zu verirren

Das stimmt, ich muss da an meine Mutter denken
Sie ließ sich, statt skeptisch zu werden, in trügerische Sicherheit versenken
Schließlich hätte sie doch nur einmal fragen müssen
Kein heiles Kind hat doch Hüften, die übersät sind mit Blutergüssen
Welcher Vater bringt seine Tochter so lange ins Bett?
Ja und welches Mädchen sagt „mein Vater ist verrückt" statt „nett?"
Komisch, dass du sagst, du hättest es anders gewollt
Denn mir kommt es so vor, als wärst du rücksichtslos über mich gerollt
Als wäre ich eine kleine Pflanze, die man plattdrückte
Manchmal frage ich mich, warum das Ganze mich nicht komplett pflückte
Aber es stimmt, du hast das auch nicht freiwillig ausgewählt
Hast du denn jetzt die Übergriffe gezählt?

Nein, es waren zu viele, um nicht dabei durcheinanderzukommen
Meine Symptome haben dich ja trotzdem mitgenommen
Es sind zu viele Male, als dass sich groß etwas verändern würde
Denn alles in allem ist es eine zu große Bürde
Zu groß, um sie alleine zu tragen
Deshalb ist deine Suche nach Hilfe auch kein Versagen
Es ist eine Konsequenz, der du dich fügen musst
Aber ja, ich verstehe auch deinen Frust
Es ist nicht schön, das Gefühl zu haben, seine besten Jahre zu verpassen
Vor allem, wenn dich in der Zeit auch einige Freunde verlassen
Bestimmt hast du gehofft, ich würde statt ihnen gehen
Wahrscheinlich willst du mich auch nie wieder sehen

Ehrlich gesagt, kann ich das nicht verneinen
Gerade weil die Leben meiner Freunde ohne dich so gut scheinen
Natürlich, alle haben ihre eigenen Probleme und Schwierigkeiten
Aber es scheint so, als ob sie da durch gleiten
Ich dagegen kämpfe immer wieder gegen dich an
So ganz lasse ich kaum jemanden an mich heran
Aus Angst, du könntest dich wiederholen
Und damit hast du mir so viel Lebensqualität gestohlen
Es waren meine besten Jahre, das hast du gut gesagt
Statt Freiheit bist du das, was mich nachts und tags plagt
Kann sein, dass mir Hilfe zu holen das Richtige ist
Was anderes blieb mir auch nicht übrig, weil du mit allem verwebt bist

Dass ich auf viele Dinge Einfluss nehme, ist wahr
Nur bin ich dabei auch beweglich und nicht starr
Damit meine ich, dass das nicht für immer so bleibt
Schon gar nicht, wenn man sich so daran aufreibt
Das bedeutet nämlich, dass du Veränderung sehen willst
Und du den Wunsch danach nicht mit faden Kompromissen stillst
Gerade dafür ist eben die Hilfe nützlich und gut
Eben weil sich so etwas nicht von allein tut
Ich sage dir ehrlich, es wird harte Arbeit sein
Denn ich rede mich gar nicht klein
Ich habe dich verändert und bin auch noch dran
Nur fang am besten heute damit an

Du sagst das so schön, aber wie soll ich das denn praktisch machen?
Allein eine Berührung mit dir könnte schon ein Feuer entfachen
Also ziehe ich mich lieber zurück, anstatt zu riskieren, dass ich verbrenne
Ich spüre ja schon die Flammen, wenn ich dich beim Namen nenne
Wie soll ich dich dann therapieren?
Ich werde dabei doch die Fassung verlieren
Wenn es nur die Fassung wäre
Sobald ich daran denke, spüre ich so eine Schwere
Sie umhüllt mich wie eine Decke
Unter der die Sachen schlafen, die ich besser nicht wecke
Was, wenn ich am Ende alleine mit dir dastehe
Der Weg ist zu hart, als dass ich ihn alleine gehe

Ich kann so gut verstehen, dass dir das Angst macht
Man weiß schließlich selten, welchen Brand nur ein Streichholz entfacht
Aber ich kann dir versprechen, dass du nicht alleine dastehst
Denk doch mal an deine Freunde, mit denen du den Weg gehst
Dennoch will ich dem Ganzen die Schwere nicht nehmen
Doch du musst dich für die Zeit, die du dafür brauchst, nie schämen
Jeder geht in seinem eigenen Tempo seine Schritte
Und das zu akzeptieren, ist das, worum ich dich bitte
Ich kann nicht weggehen, aber es kann sein, dass du mich seltener spürst
Wie ein blauer Fleck, der immer weniger weh tut, wenn du ihn berührst
Es wird nicht immer gute Zeiten geben
Aber wir können lernen, miteinander zu leben

Du hast recht, wir sind miteinander verbunden und das wird so bleiben
Also kann ich es lassen, panisch von Angst zu Wut und zurückzutreiben
Ich muss lernen, dich als Teil von mir zu akzeptieren
Nur wird das sicher nicht auf Anhieb funktionieren
Verleugne ich dich
Verleugne ich gleichzeitig auch mich
Du hast, obwohl ich es nicht bewusst zuließ, meinen Charakter geprägt
Gleichzeitig aber auch meine Seele ordentlich angesägt
Bis heute kann ich die Blutung nicht ganz stillen
Vor allem, weil immer mehr Erinnerungen kommen gegen meinen Willen
Trotzdem kann ich mir kaum denken
Dass deine Symptome mich irgendwann nicht mehr einschränken

Das kann ich dir leider auch nicht versprechen
Aber ich bin mir sicher: Irgendwann wirst du nicht mehr daran zerbrechen
Du wirst lernen, die Symptome frühzeitig zu erkennen
Und dann kannst du etwas dagegen tun, anstatt wegzurennen
Es stimmt, wir sind miteinander vernetzt
Deshalb schadest du dir langfristig nur selbst, wenn du dich abhetzt
Wenn du mich verdrängst, anstatt mich in dir sein zu lassen
Es ist vollkommen in Ordnung, mich zu hassen
Nur sollte sich dein Hass eines Tages gegen ihn wenden
Denn die Seile, die mich mit dir verknotet haben, lagen in seinen Händen
Es wird seine Zeit brauchen, das ganz zu begreifen
Versuch einfach, dich nicht auf sofortigen Erfolg zu versteifen

Okay, eines Tages wirst du einen Platz in meiner Geschichte bekommen
Vielleicht bin ich dann auch nicht mehr so voreingenommen
Sondern ich will versuchen, dich von ihm zu trennen
Und ihn innerlich immer mehr als Schuldigen zu benennen
Weißt du, ich will das Beste aus unserer Verbundenheit machen
Irgendwann sehe ich dich bestimmt nicht nur in den schlimmen Sachen
Möglicherweise bekomme ich durch dich mehr Verständnis für Schmerzen
Für Alpträume, Ängste und gebrochene Herzen
Heute kann ich das noch nicht so spüren
Weil da zu viele Gefühle mitrühren
Aber vielleicht ja in zehn Jahren
Weiß ich dann, wozu diese Monate hier gut waren

Da kann ich nicht mehr viel hinzufügen
Versuche es mit den langsameren Zügen
Mit denen, bei denen du Zeit hast, aus dem Fenster zu schauen
Um mit deinen Träumen zwischendurch die Felder zu bebauen
Der Weg zu deinem Ziel ist und bleibt hart zu verwalten
Deshalb versuche immer wieder, ihn dir angenehm zu gestalten
Schau, welches Tempo für dich persönlich passt
Das ist besser, als wenn du all deine Energie zur Aufarbeitung verprasst
Erschreck' dich nicht, falls es nach zwei Schritten nach vorne drei zurück geht
Allein die Bewegung ist, was am Ende unter dem Strich steht
Es zählt, dass du es wenigstens versuchst
Und nicht mehr alles auf Biegen und Brechen verfluchst

Wo wir uns finden

Wir treffen uns zwischen meinen Zeilen
Wo wir beginnen, langsam zu heilen
In der Stille kommen wir zur Ruh
Hören dann dem Ungesagten zu

Wofür Worte zu leise sind

Vielleicht ist es in dem Blick
Den du mir noch zugeworfen hast
Die Tiefe deiner Augen ist bis jetzt nicht verblasst
Vielleicht ist es auch in der Art
Wie deine Hand in meine passt
Und wie du sie gedrückt hast

Jedenfalls wollte ich nicht, dass du gehst
Und ich hoffe, du verstehst
Dass ich deine Wärme noch ein bisschen bei mir haben mag
Am liebsten jeden einzelnen Tag
Kann sein, dass das dreist ist
Wird man automatisch so, wenn man vermisst?

Hier gibt es so große Straßen, aber lauter leere Herzen
Und ich sehne mich nach deiner Wohnung, der gestreiften Tasse
Nach deinen Kerzen
Ganz gleich, in welche Worte ich es fasse
Ich komme nicht an das ran
Was man durch eine Umarmung sagen kann

Ja, es ist kälter hier ohne dich
Schon gar nicht gemütlich
Aber manchmal
Manchmal
Ganz manchmal
Dann stelle ich mir vor
Du sitzt hier neben mir
Alles andere ist egal, es gibt hier
Ein wir

Dann male ich mir aus, wie wir Tee trinken
In angenehmes Schweigen versinken
Weil wir uns verstehen, ohne zu sprechen
Eigentlich ist man ja gesegnet
Wenn man etwas hat, das dermaßen wertvoll ist
Dass man es schon nach kurzer Zeit so sehr vermisst

Dass man denkt, dass ein Teil von einem fehlt
Man tapfer die Tage zählt
Ohne zu wissen, bis wohin
Wie lange es noch dauert, bis ich wieder bei dir bin
Und doch ist es ohne Bedeutung, wie lange das ist
Denn wir wissen, dass die Andere uns nicht vergisst

Schließlich habe ich dich so lieb
Wie die Sterne die ganze Zeit leuchten
Obwohl sie am Tag von der Sonne
Überstrahlt werden

Deshalb halte mich bitte noch einmal
Bis sich mein Herzschlag mit deinem vermischt
Und ich nicht mehr ausmachen kann
Welches Pochen meins ist

Selbst wenn ich auf dem großen Stadtplatz stehe
Nichts als lauter Menschen und Lichter sehe
Wenn sie alle lachen und sich mit ihren Masken
Wege durch die Massen bahnen
Dann- du wirst es schon ahnen –
Wäre ich lieber bei dir

Und glaub mir
Daran wird sich so schnell nichts ändern
Denn anstatt durch diese Gassen
Mag ich es mehr, mit dir
Durch die Wälder zu schlendern
Und meine Liebe zu dir wird nicht verblassen

Weißt du, sechs Monate sind eine kurze lange Zeit
Ich fühle mich gar nicht so weit
Selbständig, mutig und orientiert
Aber vielleicht ist es so, dass man nichts verliert
Weil man es nicht mehr so nah hat
Denn die Entfernung macht keinen Cut

Im Gegenteil
Sie verbindet mich fester mit dir
Zwar bist du da und ich hier
Aber im Herzen nehme ich dich immer mit
Teilweise jeden einzelnen Schritt
Und ist der Weg auch noch so steil

Ja, es stimmt, dass es hier eisig ohne dich ist
Dass sie uns ins kalte Wasser geschmissen haben
Denn deine Nähe fehlt mir immer
Doch vielleicht sind die
Die dadurch müssen
Am Ende die besseren Schwimmer

Natürlich bleibt dennoch unverändert stehen
Wie sehr ich dich vermisse
Und ich mich darauf freue, dich wiederzusehen
In was auch immer für einer Kulisse
Und bis dahin bitte vergiss mich nicht

Und dass ich dich so lieb habe

Wie der Sand auf das Wasser wartet
Kurz bevor
Die Flut kommt

Zeitgedanken

„Macht den bestmöglichen Gebrauch von eurer Zeit" (Eph. 5,6 NGÜ)
„Macht das Beste aus der Zeit, die euch geschenkt ist" (Kol. 4,5 HFA)

Wie viel Zeit habe ich bis heute sinnlos verbracht?
Statt an andere nur an mich gedacht?
Ich habe meine Talente oft gar nicht oder nur für mich eingesetzt
Oder ich bin unnützen Unternehmungen nachgehetzt

Wenn ich diesen Auftrag also sehe,
Traue ich mich kaum, zu analysieren, wo ich gerade stehe
Irgendwo zwischen aussaugendem Stress
Und zermürbender Langeweile
Meine Zeit ist mehr kaputt als heile.

Ich begreife dieses Prinzip nicht
Und stelle mich deshalb lieber gar nicht ins Licht
Lasse mein Leben dahinfließen
Ohne meine Zeit wirklich zu genießen

Denn was ich tue,
Hat irgendwie wenig Wert
Heute scheint es toll
Und morgen dann verkehrt
Halte mich am trügerischen Gefühl von Selbstbestimmung fest
Während mich die wahre Freude verlässt

Ich würde so gerne richtig leben
Mein Alles für Gott geben
Aber wenn das bedeutet, mein Leben zu hassen[3]
Will ich nicht alles Schöne verlassen

Ich baue also Mittelwege
Etwas für mich und etwas für Gott
Doch der Kreis, in dem ich mich bewege
Engt mich letztendlich nur ein
Wahrscheinlich soll es so auch nicht sein

Doch es heißt, mein Leben sei nur ein Hauch
Nichts als ein vergänglicher Rauch[4]
Also warum sollte ich nur das machen, was ich für mich als wichtig ansehe
Wenn ich bald vor dem ewigen Gott stehe?

Nur wie bekommt das, was ich tue
Einen wahren Wert?
Wie ist es heute toll
Und morgen immer noch nicht verkehrt?
Wie freunde ich mich mit dem Gedanken von Fremdbestimmung an
Damit wahre Freude entstehen kann?

Und ich begreife:
Gott hat mich bewusst in diese Zeit gestellt[5]
Und weil mit Ihm alles steht und fällt
Will ich lernen, Ihm genau hier mein Leben zu geben
Und keinen Anspruch mehr auf „Zeit für mich" zu erheben

---

[3] Lukas 14
[4] Psalm 102
[5] Esther 4

Es heißt alles hat
Seine bestimmte Zeit[6]
Nur denke ich selten so weit
Hänge in meiner Phase
Vergesse, dass sich da was machen lässt

Mein Gott weiß, dass alles vergeht
Während Er von Ewigkeit zu Ewigkeit feststeht
Er ist nicht an Zeit oder Ort gebunden
Sondern hat beides erfunden.
Meine Zeit halten Seine Hände[7]
Er kennt meinen Anfang und mein Ende

Doch jetzt bin ich nun mal hier auf Erden
Aber was soll aus all meiner Zeit werden?
Wie kann ich sie am besten gestalten
Wie kann ich damit dienen, den Jungen und den Alten?

Ich will das Richtige zur passenden Zeit sagen[8]
Weniger wegen der angeblich besseren Vergangenheit klagen[9]
Stattdessen mehr auf die Bedürfnisse Anderer sehen
Und den unteren Weg gehen

Dann bekommt das, was ich tue
Einen wahren Wert
Heute ist toll
Und morgen immer noch nicht verkehrt
Es fängt mit Hingabe an
Woraus wahre Freude entstehen kann

---

[6] Prediger 3
[7] Psalm 31
[8] Sprüche 15
[9] Prediger 7

Gott hat uns Seinen Sohn zur passenden Zeit gegeben
Damit wir statt zu sterben leben
Er ist für uns auf diese Erde gekommen
Und hat sich Zeit für unsere Schwierigkeiten genommen

Er hat sich Tag und Nacht für Gott eingebracht
Lahme, Blinde und Taube wieder gesund gemacht[10]
Jeden Augenblick für die Erlösung geworben
Ist unseretwegen am Kreuz gestorben

Während wir darauf warten, dass die Zeit die Wunden heilt
Haben wir vergessen, dass die Lösung direkt unter uns weilt
Dass Gott der ist, der uns auch nachts im Keller findet
Und die Risse verbindet
Aber wenn die Leute das Konzept nicht kennen
Welches Medikament außer Zeit wollen sie dann nennen?

Vielleicht bedeutet Zeit auskaufen
Ja auch mit den Schuhen des Evangeliums umherzulaufen[11]?
Den Menschen von meinem Retter zu erzählen
Davon, wie es ist, wenn die Sünden einen nicht mehr quälen

Und wenn dadurch nur Einer es erfährt, frei zu sein
Dann löse ich meine Zeit dafür gerne ein
Denn ich weiß, Gott wird zu mir stehen
Meine Bemühungen für Ihn sehen

Also ist Zeit, die man für Andere investiert
Nichts, das man verliert
Das soll der Wert meines Lebens sein
Dass ich tagaus tagein
Frage, Gott, was du willst
Und darauf vertraue, dass Du meine Bedürfnisse stillst

---

[10] Markus 7
[11] Epheser 6

Nachwort

November 2023.

Nachdem dieses Projekt fast zwei Jahre unbeachtet in der Ecke lag, will ich dem Ganzen nun doch noch einmal eine Chance geben.

Warum? Weil das Schreiben mir so sehr geholfen hat und immer noch hilft.

Vielleicht könnte man meinen, dass die Gedanken, die ich damals in Verse gepackt habe, nun nicht mehr relevant und aktuell seien.

Doch genau das Gegenteil ist der Fall! Denn gerade stehe ich daneben und sehe zu, wie es um mich wieder dunkel wird.

Wie es dazu kam? Ob ich nicht genug Therapien gemacht habe? Ob meine über zweijährige Auszeit nicht lang genug war? Ob ich nicht mehr für das „normale" Leben gemacht bin? Wie lange das noch so weitergeht?

Das alles sind Fragen, über die ich zurzeit ständig nachgrüble. Parallel habe ich irgendwie (Zufälle…? Nein, ich bin mir sicher, dass genau das Gottes Wirken im Alltag beschreibt) angefangen, mich nochmal meinen Gedichten zu widmen, sie zu überarbeiten, zu ergänzen und auch neue hinzuzufügen.

Im Wesentlichen bin ich der Meinung, dass jede Strophe für sich steht und eben das ist, was in diesem Moment in meinem Herzen war. Deshalb habe ich versucht, nur Details, die nicht sinngebend sind, zu verändern. Einfach, weil das zum Beispiel mit der Formatierung besser passt.

Was mir aber deutlich geworden ist: Die Gedichte von damals sind die, die zu den Gedichten von heute führen. Manchmal habe ich Zeiten, in denen ich mich wieder genau dort hineinversetzen kann (wie zum Beispiel heute, während ich diese Zeilen hier tippe) und manchmal sehe ich die Emotionen, Gedanken und Verhaltensweisen von damals wie eine Stufe, auf der ich stehe und die mich die nächste Stufe erklimmen lässt.

Eine Therapeutin beschrieb das mal mit einer Wendeltreppe:

Es kann sein, dass man wieder an der gleichen Stelle oder Biegung ist, aber in der Zwischenzeit ist man schon eine Etage höher gegangen. Darum ist es kein Rückschritt, wenn Symptome von „damals" heute wieder auftreten. Es ist normal, das Leben ist dynamisch (zum Glück und leider :-)).

Und eben deshalb ist es mir erneut so wichtig, diese Gedichte zu veröffentlichen, denn wenn es nur eine einzelne Person gibt, die sich dadurch weniger alleine und unverstanden fühlt, dann haben diese Seiten ihren Zweck erfüllt. Ja, diese Floskel ist sehr abgedroschen und kitschig, aber manchmal braucht man genau das.

Eine letzte Anmerkung noch: Die Gedichte in diesem Buch sind voller Fragen. Fragen, wo Gott war und ist, warum es solche Grausamkeiten auf dieser Welt gibt, oder ob es auch passiert wäre, wenn Er gewusst hätte, was das alles auslöst.

Ich habe mir lange den Druck gemacht, solche Fragen nicht stellen zu dürfen.

Dass es undankbar wäre, Gott kritisieren würde, oder dass es sowieso nicht weiterbringen würde, weil man dadurch nur im Selbstmitleid baden würde.

Aber ganz ehrlich, es ist einfach legitim und berechtigt. Wenn es gerade dran ist, Fragen zu stellen, dann stell sie. Jede einzelne davon. So oft du willst. Denn etwas zu unterdrücken, lässt es nicht verschwinden, ganz im Gegenteil. Jeder Weg ist persönlich und individuell und wenn Fragen auf diesem Weg sind, dann dürfen sie da sein.

Aber es gibt nur leider nicht immer beziehungsweise meistens nicht die Antworten dazu. Und ja, eines Tages werden wir die Fragen alle von Gott beantwortet bekommen, aber das hilft im Moment auch nur bedingt weiter.

Ich kann da auch keine Antwort oder Lösung geben, nur eine Sache, die ich mir manchmal gesagt habe: Die Antwort, wenn sie da wäre, würde die aktuellen Konsequenzen nicht wegnehmen. Wenn du das *warum* kennst, dann bleiben trotzdem noch die Folgen, mit denen du dich momentan rumschlagen musst. Und deshalb heißt es für dich, wohl oder übel (und ich habe es auch oft gehasst), dass du dich um genau die Konsequenzen und die Wunden, die sie hinterlassen, kümmern musst.

Ich habe auch nicht die Weisheit mit Löffeln gegessen, bei weitem nicht. Mir passiert es sehr oft, dass ich immer und immer wieder in dasselbe Loch in der Straße falle. Aber eines Tages können wir, du und ich, dieses Loch sehen und entweder darum herumgehen, oder uns Hilfsmittel mitnehmen, die uns den Aufprall leichter machen und dann wieder aus dem Loch heraushelfen.

Im Herzen verbunden

Veronika

Danksagung

Caro.

Danke

, dass du so vieles für mich tust und bist, dass ich gar nicht weiß, womit ich hier anfangen soll.

Danke

, dass du mich festhältst, wenn ich denke, auseinanderzufallen und loslässt, wenn ich Freiheit brauche.

Danke

für deinen Collegeblock, der besser ist als jede Akte, die je über mich geführt wurde.

Danke

für deine Fürsorge, das Vorlesen oder Zudecken und dass du mich so oft in den Arm genommen hast, bis ich gemerkt habe, dass ich das wirklich haben darf.

Danke

, dass du mehr und mutiger für mich kämpfst, als ich das tue.

Danke

, dass du mir von allem etwas abgibst und das aushältst, wenn es mit Kratzern oder Dellen wiederkommt (natürlich außer dein Auto ;-))

DANKE, dass du mein Beweis bist, dass Gott mich nicht vergessen hat.
Dir gehören die Wellen an meiner Küste.

Elli.

Danke

, dass du mir beigebracht hast, dass man auch schweigend telefonieren kann.

Danke

, dass du mich kennengelernt hast, als ich ziemlich am Tiefpunkt meines Lebens war und dass du einfach du warst.

Danke

, dass du mit mir austherapierte Gespräche führst und die besten Theorien über mein Verhalten und Empfinden hast.

Danke

, dass du dein Handy immer laut hast.

Danke

, dass du so oft meine Gemeinde mit mir hochgehalten und fundamentalistische Lieder geträllert hast.

DANKE, dass du mein Licht an einem Ort warst und bist, den kaum jemand gesehen hat.

Steffi.

Danke

für unsere Telefonierfreundschaft und dass wir uns wirklich in jeder Lebenslage anrufen können.

Danke

, dass du mit mir Witze machst, um Dinge zu verarbeiten und mich nicht verurteilst, wenn sie zu makaber sind.

Danke

für die ganzen Pommes, die du schon mit mir zusammen gegessen hast.

Danke

, dass du mit mir die Noah-Lektion gemacht hast und mir Mut gemacht hast, aus meiner Comfortzone zu kommen.

Danke

, dass du mich weiter magst, obwohl ich dich damals mit Magen-Darm angesteckt habe :-).

Danke

für deine Ehrlichkeit und Offenheit, obwohl du eigentlich lieber schweigst.

DANKE, dass du nicht wie die anderen bist.

Nuni.

Danke

, dass du mich über zwei Jahre auf engstem Raum ausgehalten hast.

Danke

, dass du es nicht leid wirst, unsere witzigsten Geschichten zu erzählen und Filme oder Janosch zu zitieren.

Danke

, dass du mit mir nach Panama geflogen bist und dich auch nur ein   bisschen über die Sehnsucht beschwert hast :-).

Danke

, dass du mich immer besucht hast, egal, in welcher Klinik ich war und egal, was dein Beziehungsstatus war.

Danke

, dass du mir auch 10-mal erklärst, wer AB oder die Personen im Film denn jetzt eigentlich sind :-).

Danke

, dass du mich wirklich immer, immer und immer zum Lachen bringen kannst.

DANKE, dass ich mit dir von mir selbst Urlaub machen kann.

Noni.

Danke

, dass du schon so viele Jahre unfassbar treu an meiner Seite bist.

Danke

, dass du mich dazu bringst, über mich selbst zu lachen und die Eigenschaften, die ich eigentlich gar nicht an mir leiden kann, ins Lustige zu ziehen.

Danke

, dass du mir verziehen hast, dass ich selbst dir so spät von allem erzählt habe.

Danke

, dass du mich einfach anrufst, wenn du dir Sorgen machst oder mal quatschen willst.

Danke

, dass du mein FiBo-Buddy bist.

DANKE, dass du sicher da bist, wenn alles unsicher ist.

Jule.

Danke

, dass du mit mir zusammen sämtliche Wege suchst, ohne Google Maps anzumachen.

Danke

, dass du niemals meine Akte gelesen und dass du bis heute niemandem was erzählt hast.

Danke

, dass du mir den blauen Fleck auf deinem Arm verziehen hast.

Danke

, dass du einen unglaublich guten Humor hast und den mit mir teilst.

Danke

, dass du mit mir im Bastelteam bist, obwohl wir beide einfach überhaupt nicht kreativ sind.

Danke

, dass du mit mir in Kleiderschränken denkst.

DANKE, dass du aus der großen Herausforderung, sich im Krankenhaus zu treffen, die größte Chance gemacht hast. Heute bin ich sehr dankbar, dass das so kam.

Jürgen.

Danke

, dass ich dich immer anrufen kann.

Danke

, dass du mit mir lachst, selbst wenn meine Witze in den unpassendsten Situationen kommen.

Danke

, dass du für mich die Dinge in die Hand nimmst, die ich mich nicht traue.

Danke

, dass du mir komplett ohne Vorbehalte glaubst.

Danke

, dass du für mich deinen ersten Tee gekocht hast – er war sehr lecker :-).

DANKE, dass du mir immer wieder versicherst, dass es eines Tages - und das schon hier auf der Erde - ein „ganz gesund" für mich geben wird

Das Team der Vitos in Gießen (Station 7).

Danke

, dass Sie mir die Chance zur Traumatherapie gegeben haben.

Danke

, dass Sie teilweise bis nach Dienstschluss geblieben sind, um mir
zuzuhören.

Danke

, dass Sie die ersten nicht-Freunde waren, die mir versichert haben, dass ich
gut kämpfe.

Danke

für die lustigen, traurigen, fröhlichen, wütenden, sicheren, ängstlichen
Momente.

Danke

für die ganzen Extrameilen, nach denen Sie mir immer noch angeboten
haben, dass Sie noch eine mit mir laufen würden.

DANKE, dass Sie sich das mit mir angeschaut haben, wofür schwarz zu
hell ist.

Frau Schwenkel.

Danke

, dass Sie mit mir die Expos ausgehalten haben und sich nie darüber beschwert haben, dass Sie am nächsten Tag Muskelkater hatten, weil ich Sie so fest gepackt habe.

Danke

, dass Sie mir immer Glauben geschenkt haben und mich für voll genommen haben.

Danke

, dass Sie mich validiert, sich mit mir aufgeregt haben.

Danke

, dass ich Ihnen wirklich jede Frage stellen durfte und das auch mehrmals.

Danke

, dass Sie mit mir jede Stunde überzogen haben und ich danach immer noch zu Ihnen hätte kommen dürfen.

DANKE, dass Sie so viele Schritte auf dem Weg der Heilung mit mir gegangen sind, die sonst keiner mit mir hätte gehen können.

Petra.

Danke

für dein Engagement.

Danke

für deine Gebete, die mich immer und überall begleiten.

Danke

für die Spaziergänge, während denen ich dir mein Herz ausschütten durfte, bis ich wieder „aufgeräumt" war.

Danke

, dass du mir immer wieder verzeihst, wenn ich mal wieder unzuverlässig bin.

Danke

, dass du dich so oft für mich eingesetzt hast, wenn ich mal wieder ein Wochenende weg wollte.

Danke

, dass du mir so deutlich zeigst, dass du mich magst.

DANKE, dass du die beste Bezugsmitarbeiterin bist, die es gibt.

Das Glaubenshof-Team.

Danke

, dass ihr mich aufgefangen habt, als der Alltag mich nicht halten konnte.

Danke

, dass ihr mich immer respektiert habt, auch wenn meine Meinung mal außerhalb der Norm und der Gruppe war.

Danke

, dass ihr rund um die Uhr erreichbar wart.

Danke

, dass ich durch euch lernen konnte, wie es ist, praktisch zu arbeiten.

Danke

für all die therapeutischen Einheiten und Gruppentherapien und eure Geduld währenddessen.

Danke

für eure konstruktiven Feedback-Runden.

DANKE, dass ihr mein Boxenstopp wart, ohne den ich niemals da wäre, wo ich heute sein darf.

Die, von denen ich weiß, dass sie nicht namentlich genannt werden wollen.

Danke

für die praktische und geistliche Hilfe.

Danke

für jedes Päckchen und jede Tüte, die der Kurierdienst oder der Postbote auf meine Station im Krankenhaus gebracht hat.

Danke

für jeden Brief während der Kontaktsperre, für jedes gekochte Lieblingsessen, jede Anleitung, wie ich mit meinen Rechnungen umgehen soll (wenn ich mich mal wieder ungeschickt verhalte und plötzlich gefühlt allen Ämtern Geld schulde) und so viel mehr.

Danke

für eure Gebete als ich nicht mehr beten konnte.

Danke

für die Zeit, die ihr mir geschenkt habt.

Danke

für jedes *schreib weiter, deine Gedichte berühren mich, gib dich nicht auf*.

DANKE, dass ihr mir gezeigt habt, dass nicht alle „Erwachsenen" böse sind.

Epilog

Das letzte, aktuellste Gedicht ist nochmal ganz anders, als die anderen es sind. Hier spielen so viele neue Fakten und Erinnerungen mit rein, dass es mir unpassend vorkam, es einfach zu den anderen Titeln einzureihen.

Deshalb soll dieses Gedicht hier am Ende stehen, allein, ganz für sich.

Denn es handelt auch davon, dass Anfang und Ende, Heilung und Zerbruch und Hoffnung und Resignation näher beieinander liegen, als es durch Entfernung ausgedrückt werden kann.

Besser

Ich habe dir gesagt, dass es besser geht
Dass es gar nicht schlecht um mich steht
Ich habe nicht mal gelogen
Oder mich in deiner Gegenwart verbogen

Wir haben wieder zusammen gelacht
So viele Späße gemacht
Hatten das Gefühl, es würde wirklich leichter werden
Sogar nachts wollte ich nicht sterben

Du gibst mir das Gefühl, das Leben sei mehr
Mein Herz war viel erträglicher schwer
Ich hatte Pause von meinen schwarzen Gedanken
Habe so gehofft, ich würde nicht mehr daran erkranken

Doch jetzt sitze ich hier
Alles tut weh in mir
Traue mich nicht, es dir zu sagen
Denn ich will mich nicht bei dir beklagen

Ich habe mal wieder Gift geschluckt
Mich zu spät vor den Schlägen geduckt
Das Loch in mir hat den Boden weggerissen
Und mich in seine Tiefen geschmissen

Was soll ich machen?
Eigentlich will ich doch für dich lachen
Dir nicht sagen, wie schlimm es ist
Dass es mich von innen auffrisst

Deshalb übe ich vor dem Spiegel mein „Mir geht es gut"
Ich stelle mich bewusst so hin, als hätte ich Mut
Schaue dir nicht in die Augen, wenn du mich fragst
Dann hoffe ich innerlich, dass du nicht nachforschen magst

Ich sehe den Graben zwischen uns, den du noch gar nicht kennst
Doch ich schaffe es nicht mehr hinüber, wenn du meinen Namen nennst
Dann bleibe ich an der Kante stehen
Sodass du siehst, dass meine Gedanken in die schwarze Richtung gehen

Jetzt stehen wir uns ratlos gegenüber
Ist jetzt alles hinüber?
Du fängst an, von Maßnahmen zu reden
Und in meiner Brust spüre ich nur noch dieses Beben

Schluckend stehe ich an meiner Haustür
Nein, du kannst da gar nichts für
Dass ich wieder mal den Grad zwischen Phase und Zustand verpasse
Wobei ich kaum merke, dass es wieder beginnt, dass ich alles hasse

Alles, das sind die Nächte, die Tage, die Gefühle und mich
Aber niemals dich
Doch ich hasse es, die Hilflosigkeit in deinen Umarmungen zu fühlen
Dann wünschte ich, ich könnte alles für dich wegspülen

Nur weiß ich nicht, ob man dafür Tränen, Blut oder Schweiß braucht
Ich merke nur, dass es in meinem Herzen bedenklich raucht
Am liebsten würde ich das alles vergessen
Manchmal versuche ich das durch trinken, Sport oder essen

Nur klappen will das alles nicht
Morgens weckt mich das schönste Licht
Und ich seufze auf, weil ich noch einen Tag für mich gibt
Dabei war ich doch die, die die Morgende und ihre Unverdorbenheit liebt

Nur bin ich in den Löchern, die sie in mich stießen, versunken
Ich bin in ihrem Schweiß auf meiner Haut ertrunken
An ihren Stößen in mich habe ich mich verletzt
Meine Venen sind immer noch von ihren Giften verätzt

So viele Männer, dass ich sie nicht zählen kann?
Wo fängt Missbrauch denn an?
Ab wann ist es nur noch versuchter Mord?
Und was war das überhaupt für ein finsterer Ort?

Kopfüber hin ich damals in den Seilen
Während ich spüren konnte, wie sie mich lustvoll anpeilen
Kopfüber liege ich jetzt in meinem Bett
Dabei wird mir klar: Eben war ich gar nicht nett

Da kann ich mich auch nicht mit den Erinnerungen, die mich quälen, rausreden
Denn ich sehe doch deine Herzensfäden
Die du mir als Anker in die Hand gegeben hast
Aber ich habe sie wie deine ganze Mühe verprasst

Ich wünschte, ich könnte an der Uhr drehen
Noch einmal in der Situation mit der jetzigen Bedachtheit stehen
Dann würde ich wissen, dass das Beben in meiner Brust
Das ist, wodurch ich jetzt eben muss

Also fange ich an mir zu sagen, dass heute nicht für immer ist
Dass man nicht die Hoffnung an dem momentanen Erleben misst
Ich schreibe mir Listen mit Ideen auf
Renne die Treppen in meinem Kopf runter und rauf

Nein, ich will nicht nochmal so sinken
Will nicht nochmal, dass fast schon die Blaulichter in meiner Straße blinken
Ich will keine Klinge mehr über meine Adern ziehen
Oder durch Dissoziationen allem entfliehen

Denn wenn ich jetzt falle
Dann wird es noch mehr als jetzt weh tun, wenn ich auf den Boden knalle
Darum stehe ich gerade langsam auf
Klettere die Strickleiter stockend wieder rauf

Die Muskeln in meinen Armen fangen zwar sofort an zu brennen
Schließlich kann ich dir jetzt so viel mehr Verbrechen nennen
Sie alle liegen in mir wie blechernes Blei
Werde ich je wieder frei?

Sie haben mir Tabletten gegeben
Doch dabei war keine gegen ein erträgliches Leben
Und auch, wenn ich das gerade nicht ganz glauben kann
Fange ich heute damit, mein Gehirn zu überreden, an

Ich steige die Stufen weiter hoch, auch wenn ich das Licht noch nicht sehe
Aber stattdessen sehe ich mich, wie ich irgendwann wieder neben dir stehe
Dann schaue ich dich wieder an und sage dir, wie schön du bist
Dass jetzt wirklich alles besser ist

Inmitten von Menschen bin ich dann entspannt und mache für dich Witze
Und dann sehe ich in deinen Augen wieder diese Blitze
Die immer dann kommen, wenn du merkst, wie viel uns verbindet
Denn das macht bei mir, dass selbst der kleinste Zweifel an ein besseres Leben

Verschwindet

Denn wer macht schon fest, was besser ist?
Es gibt doch keinen, der das objektiv festlegt, sodass es allgemeingültig ist
Vielleicht ist mein „gut" für jemand anderen schlecht
Schließlich ist das Leben alles andere als gerecht

Aber mein „gut" ist mein „gut"
Mein „Mut" ist mein „Mut"
Mein „besser"
Heißt in dem Fall halt „Ich schneide mich mit keinem Messer"

Was soll ich mich vergleichen?
Dann denke ich doch immer nur, das würde nicht reichen
Aber das tut es, wenn ich in kleinen Schritten denke
Und denen genug Aufmerksamkeit schenke

Vielleicht geht es nicht um das „besser werden", sondern um das „besser machen"
Nicht um das „lustig sein", sondern um das Lachen
Es braucht keine zehn Stunden aktiv sein, um den Tag als „bestanden" zu sehen
Um dankbar zu sein, muss ich nicht vor klatschendem Publikum, sondern einfach

Vor dir stehen

„Ich werde nicht sterben,
sondern leben
und die Taten des HERRN
verkünden!"
(Die Bibel: Psalm 118,17)